経由デンマーク行き

JN122461

怒又い假関車3
"保存鉄道"

旅

保存鉄道　マーイエーヤーハンデスト
Veterantog Mariager−Handest

文・写真・イラスト・編集
田中貞夫
成隆出版

目　　　次

この旅紀行に登場する仲間たち

1、モリー鉄道(Mecklenburgische Bäderbahn)

　バルト海(Ostsee)に面する海水浴場や保養地を結び、今なお定期運行し、蒸機機関車が牽引するノスタルジックな列車が走るモリー鉄道(Mollibahn)がある。 この鉄道はバート・ドベラーンの街中をカンカンカンと警笛を鳴らしながら、商店街が続く狭い石畳の道を走ることで良く知られている。

2、リューゲン軽便鉄道(Rügensche BäderBahn)

　蒸機愛称:荒くれ者ローラント"Rasender Roland"はノスタルジックな客車を牽引し、上品な高級ホテルが立ち並ぶ海水浴場に連れて行ってくれる。 リューゲン軽便鉄道で郷愁を誘うのが、100 年以上の歴史を持つ狭軌鉄道のこの蒸機、時速 30 キロメートルのスピードで島内の海水浴場やリゾート地を結んでいる。

3、Wutachtalbahn ウタハタール鉄道

　路線は豚のしっぽのようにクルクルとループを繰り返すので、愛称「豚のしっぽ」と呼ばれる蒸機の保存鉄道。 見所は芸術的な鋼トレッスル橋梁と魚腹トラス橋梁。素晴らしい。

4、"Schluff"クレーフェルト(Krefeld)の歴史ある蒸機鉄道

　鉄道は愛称シュルフ(Schluff)と呼ばれ、ドイツ最古の私有鉄道のひとつでもある。 「シュルフ」という名は、スリッパの方言「シュルフェ(Schluffe)」に由来する。

5、ヴェーゼル保存鉄道

(Historischer Schienenverkehr Wesel e.V)

　ニーダーライン地方の歴史ある保存列車、ライン川沿いのヴェーゼル(Wesel)にあり、年度によっては、蒸機もしくはディーゼルの運行となる。 アルテス・ヴァッサーヴェルク駅で停車時間を設け、産業遺産の浄水場施設の見学も含む。

6、マイニンゲン蒸気機関車工場

(Dampfflokwerk Meiningen)祭り

　フランクフルト南(Frankfurt(M)Süd)駅から 01 118 型蒸気機関車が牽引する特別ツアー列車、ドイツ鉄道の機関車の点検・修繕を一手に引き受けるドイツで唯一のマイニンゲン蒸気機関車工場(Dampfflokwerk Meiningen)の祭りへ。

7、マイン川の河川敷を走る港鉄道(Hafenbahn) ハーフェンバーン

　フランクフルト歴史鉄道協会が運行する観光保存鉄道として、年に何度かの週末にはフランクフルト市内を流れるマイン沿いの路線を走るフランクフルト港鉄道。 01 型蒸機やディーデゼル機関車が河川敷走る珍しい光景が見られる。

8、ドイツ北の島、東フリースラント諸島
(Ostfriesische Inseln)
　島と本土間の水域はワッデン海、この湿原は世界遺産。

9、ボルクム軽便鉄道(Borkumer Kleinbahn)
　東フリースラント諸島で、オランダに近い最も西のボルクム島(Insel Borkum)には、歴史が古く、かつ路線長さが 7.3km と、残存している北海の島内鉄道では最長の路線を保有しているボルクム軽便鉄道(Die Borkumer Kleinbahn)がある。

　東フリースラント諸島 7 島の中で最大の島、島のフェリーターミナル(Borkum Reede)から町の中心にあるボルクム駅(Borkum Bahnhof)までを結ぶ。

10、ランゲオーク島鉄道(Inselbahn Langeoog)
　ニーダーザクセン・ワッデン海国立公園の手つかずの自然が残る島内には、町営でフェリー連絡用に運行されているランゲオーク島鉄道(Inselbahn Langeoog)が。 長さ 3.62 km の鉄道は、1901 年に馬車鉄道として運行を始めたもので、メーターゲージ、軌間 1000mmの線路を走った。 今は、フェリー埠頭から町の入り口駅までの長さ 2.6 ㎞を結ぶ。

11、シュピーカーオーク島(Spiekeroog)
　今のシュピーカーオーク島では、島の鉄道の列車運行はすでに 1981～82 年に廃止されてしまい、もはや鉄道を見ることはできない。 しかし、保存馬車鉄道として 1981 年に復活し、4 月中旬から 10 月中旬までの季節運行だが、1885 年馬車鉄道の開業当時を忍ばせてくれる。

12、ヴァンガーオーゲ島鉄道(Inselbahn Wangerooge)
　港から島内のヴァンガーオーゲ駅までは、ヴァンガーオーゲ島鉄道で移動できる。 100 年以上の歴史がある島の鉄道は 1897 年開業のヴァンガーオーゲ島鉄道(Inselbahn Wangerooge)、軌間 1000mm、路線長さ3.5 ㎞。 この島内鉄道は、フェリー航路と一体で珍しくドイツ鉄道(DB:Deutsche Bahn)が運営している。

13、東フリースラント沿岸鉄道(Küstenbahn Ostfriesland)
　ドイツの東フリースラント諸島(Ostfriesische Inseln)。 この島に渡るフェリーが発着する本土側の半島に東フリースラント沿岸鉄道"キュステン鉄道(Küstenbahn)"がある。 ディーゼル機関車が、ノルデン(Norden)からドルヌム(Dornum)までの廃止された DB 所有の標準軌道路線 17 ㎞をのんびりと走る。

14、南リンブルフ蒸機列車会社
(ZLSM:Zuid Limburgse Stoomtrein Maatschappig)
　オランダ南東部、ドイツ/アーヘン(Aachen)との国境近くのリンブルフ州(Limburg)に、南リンブルフ蒸機列車会社が運営する保存鉄道があり、蒸機やレールバスの運行がある。

15、ホールン-メーデムブリック保存蒸機鉄道
(Museum Stoomtram Hoorn-Medemblik)

ホールン-メーデムブリック保存蒸機鉄道は延長 20km、人気の観光路線である。 標準軌ながら小型の蒸機(スチームトラム)が、チューリップ畑をのんびり走る。 起点はホールン(Hoorn)、終点はメーデムブリック(Medemblik)となる。

16、「渡り鳥ライン」(スカンドラインズ(Scandlines)フェリー)

ドイツ/ハンブルクから、乗り入れているデンマーク国鉄(DSB)の IC3 型(列車番号 EC)気動車でデンマークを目指す。 黒いゴム製の連結幌で覆われた黒マスクは特異な雰囲気を醸し出し、旅人を魅惑する。

17、マリボ保存鉄道(Museumsbanen Maribo-Bandholm)

ロラン島(lolland)中部のセナー湖(Søndersø)に面した町、マリボ(Maribo)には蒸機やディーゼルがノスタルジックな客車を牽引する保存鉄道(Museumsbanen Maribo-Bandholm)がある。

18、デンマークトラム博物館
(Tramway Museum Skjoldenæsholm)

博物館はコペンハーゲンの南西約 65 ㎞に位置し、古くからバイキングが居住していた歴史ある街ロスキレに近い。 単なる動態保存ではなく、敷地内の森に距離約 1.7 ㎞の路線を敷き、デンマークの 3 都市、コペンハーゲン(Copenhagen)、オーデンセ(Odense)、オーフス(Aarhus)の路面電車や他のヨーロッパの路面電車までも走らせている。

19、デンマーク鉄道博物館(Danmarks Jernbanemuseum)

オーデンセにあるスカンディナヴィア最大の鉄道博物館、博物館の建物は 1954 年にデンマーク国鉄(DSB)と私鉄(Nort Funen)のための機関庫として建築された旧機関庫を利用。

20、オーデンセ(Odense)の街にトラム復活

21、南フュン島保存鉄道(Syd Fyenske Veteranjernbane)

フュン(Fyn)島南部の港町ファボルグ(Faaborg)が始発駅、路線は牧草地や森の中を走り乗車時間 30 分で終着駅コレント(Korinth)に到着する。 レンゲ(Ringe) と ファボルグ間の鉄道路線の内、生き残ったこの路線を活用し、ディーゼル機関車がノスタルジックな客車を牽引している保存鉄道である。

22、ヴィンテージな保存鉄道(Veterantog Mariager–Handest)

ユトランド半島の北東岸にある長さ 35 ㎞のマーイエーヤ・フィヨルド(Mariager Fjord)の港町 Mariager が始発。 蒸機がノスタルジックな客車を牽引、フィヨルド、田園地帯、ブナの森、なだらかな丘陵、湿原、川と車窓からの眺めは飽きることない。

本書はドイツの保存鉄道を求めて旅する人のための紀行&案内ガイドブックです。 蒸気機関やディーゼル機関車、気動車等を追いかけて、乗り鉄・撮り鉄・自転車鉄と遊び鉄のデータ(2012 2019)をもとに作られています。 掲載されている情報は時間の経過と共に内容に変更がありますので、旅立つ前には可能な限り最新情報を収集し、ご自身の責任でご判断のうえ、ご利用ください。

第1章　旅することは生きること

旅のプレゼンテーション

マリボ保存鉄道(Museumsbanen Maribo-Bandholm)

　旅のタイトルは「ドイツ/オランダ/デンマーク　蒸気機関車3"保存鉄道"」。旅、ロマンティックな旅を求めて、ドイツからオランダ経由デンマークへと保存鉄道の追いかけ旅をした。

　ドイツ発デンマーク行きの保存鉄道旅は、南ドイツのバイエルン州にある豚のしっぽ鉄道が出発点である。　父なる河、ライン川の流れに沿って走り、途中下車をしながらオランダに入り、チューリップ畑を走る蒸機の観光保存鉄道を訪ねる。　オランダから再度ドイツへ戻り、ドイツの最北西に位置する東フリースラント諸島、まるで真珠の首飾りの様に鎖で結ばれている島に渡り、島の鉄道を体験。　又、北ドイツでは今なお蒸気機関車を定期運行しているモリー鉄道とリューゲン軽便鉄道を追い駆け、折り畳み自転車を活用して路線沿いから撮影と忙しい。　ハンブルクから渡り鳥ラインでデンマークに入る。さて、どんな出会いが待っているか楽しみである。

北　海
Nordsee

渡り鳥ラインで行く
デンマーク保存蒸機の旅

ドイツ北の島
なんと島には軽便鉄道が走るのだ

オランダ チュウリップ畑
走る蒸機を撮影しよう
ドイツとの国境近くを走る
蒸機もあるぞ！

ボーブロー
Hobro
㉒

ラナース
Randers

Denmark

コペンハーゲン
København

オーデンセ
Odense
㉑

ファーボ
Faaborg

㉚
㉓

㉘

ロスキレ
Roskilde

バルト海
Ostsee

マリボ
Maribo
㉗

ニュークビン
Nykøbing

ファルスター
Falster

ヴァンガーオーゲ
Wangerooge島
⑧

シュピーカーオーク
Spiekeroog島
⑫

ランゲオーク
Langeoog島
⑩ ⑪

ボルクム
Borkum島
⑨

⑬

プットガルテン
Puttgarden

リューベック
Lübeck

㉖

①

バートドーベラン
Bad Doberan

② プットブス
Putbus

今でも定期運行の蒸機
モリーとリューゲン軽便鉄道

ホールン
Hoorn
⑮

エムデン
Emden

ハンブルク
Hamburg

ブレーメン
Bremen

ハノーファー
Hannover

ベルリン
Berlin

Nederlands

ヴェーゼル
Weser川

エルベ
Elbe川

ヴェゼル
Wesel
⑤

クレーフェルド
Krefeld

デュッセルドルフ
Düsseldorf

Deutschland

ドレスデン
Dresden

アムステルダム
Amsterdam

シンペルフェルト
Simpelveld
④

⑭

ケルン
Köln

ボン
Bonn

マイニンゲン
Meiningen
⑥

ケムニッツ
Chemnitz

アーヘン
Aachen

フランクフルト
Frankfurt
⑦

マイン
Main川

蒸気機関車の聖地
マイニンゲン蒸気機関車工場へ

デュッセルドルフ
誰にも教えたくない3エリア
近郊の保存鉄道

ライン
Rhein川

シュトゥットガルト
Stuttgart

ドナウ
Donau川

ドナウエッシンゲン
Donaueschingen

ウルム
Ulm
③

ミュンヘン
München

豚のしっぽ鉄道
これでもかとループの連続

ドイツからオランダ経由デンマークへと訪れた保存鉄道は、蒸気機関車やディーゼル機関車が牽引する
バラエティーに富んだ列車、レールバス、終着駅は H.C.アンデルセンの故郷 "オーデンセ鉄道博物館"

Deutschland Nederland Denmark

①モリー鉄道(Mecklenburgische Bäderbahn)
　バルト海沿岸のリゾート地を走る定期運行の蒸機
②リューゲン軽便鉄道(Rügensche BäderBahn)
　蒸機愛称:荒くれ者ローラント "Rasender Roland"
③ヴタハタール鉄道(Wutachtalbahn)
　お気に入りの豚のしっぽ鉄道はループ路線がこれでもかと連続
④"Schluff"クレーフェルト(Krefeld)の歴史ある蒸機鉄道
　(Schluff - Krefelds historische Dampfeisenbahn)
⑤ヴェーゼル保存鉄道(Historischer Schienenverkehr Wesel e.V)
　ニーダーライン地方の歴史ある保存列車
⑥マイニンゲン蒸気機関車工場(Dampflokwerk Meiningen)祭り
　01 118 型蒸気機関車が牽引する特別ツアー列車
⑦マイン川の河川敷を走る港鉄道ハーフェンバーン(Hafenbahn)
　フランクフルト歴史鉄道協会(Historische Eisenbahn e.V.)が運行
⑧ドイツ北の島、東フリースラント諸島(Ostfriesische Inseln)
　真珠の首飾りの様に、鎖に結ばれている東フリースラント諸島
⑨ボルクム軽便鉄道(Borkumer Kleinbahn)
　東フリースラント諸島 7 島の中で最大の島、島のフェリーターミナル
　(Borkum Reede)から町のボルクム駅(Borkum Bahnhof)迄を結ぶ
⑩ランゲオーク島鉄道(Inselbahn Langeoog)
　鉄道が走る東フリースラント諸島の 3 島中で、最も短い路線
⑪シュピーカーオーク島(Spiekeroog)
　島の鉄道は廃止されたが保存馬車鉄道(Museumspferdebahn)がある
⑫ヴァンガーオーゲ島鉄道(Inselbahn Wangerooge)
　フェリー航路と一体で珍しくドイツ鉄道(DB:Deutsche Bahn)が運営
⑬東フリースラント沿岸鉄道(Küstenbahn Ostfriesland)
　東フリースラント地方に伝わる紅茶文化
⑭南リンブルフ蒸機列車会社
　(ZLSM:Zuid Limburgse Stoomtrein Maatschappig)
⑮ホールン−メーデムブリック保存蒸機鉄道　キーワードはチューリップ畑
　(Museum Stoomtram Hoorn-Medemblik)
⑯「渡り鳥ライン」でデンマークへ(スカンドラインズ(Scandlines)フェリー)
　今では珍しい列車丸ごとフェリーで航送し、海峡を越える
⑰マリボ保存鉄道(Museumsbanen Maribo-Bandholm)
　蒸機やディーゼルがレトロな客車を牽引する保存鉄道
⑱デンマークトラム博物館(Tramway Museum Skjoldenæsholm)
　ヨーロッパ各地の旧路面電車を収集修復、動態保存し敷地内を走る
⑲デンマーク鉄道博物館(Danmarks Jernbanemuseum)
　オーデンセにあるスカンディナヴィア最大の鉄道博物館
⑳オーデンセのトラム復活
　オーデンセの街が熱い、トラム復活突貫工事と都市計画も同時進行中
㉑南フュン島保存鉄道(Syd Fyenske Veteranjernbane)
　フュン(Fyn)島南部の港町 faaborg と Korinth 間の生き残った廃線を活用
㉒ヴィンテージな保存鉄道(Veterantog Mariager-Handest)
　ユトランド半島、マーイエーア・フィヨルド(Mariager Fjord)の港町が始発

まえがき

1、ドイツ発、オランダ経由デンマークへ、保存鉄道を愛する旅人

「旅することは生きること」。童話作家アンデルセンの詩集の一節、この言葉に魅せられ、生きる勇気をもらい、第二の人生の目標に巡り合った旅シリーズも今回で5冊目となる。 リタイヤ後の10年間はドイツ保存鉄道の追いかけ旅、旅のまとめ編集、執筆出版、講演をこなしてきた。

70歳の古希を迎えた今、ドイツ発デンマークのオーデンセ(Odense)行きの仮想国際列車に乗り、保存鉄道の旅としてみよう。 路線沿いを折り畳み自転車で走り保存鉄道を追いかけるという自転車鉄、この旅シリーズも最終章を迎えよう と…。 しかし、保存鉄道の旅は私の生きがいでもあり、旅はこれからも続くだろう。

何故オーデンセ行きなのか、それはアンデルセンの生まれ故郷だからなのだ。 この先の第三の人生、旅人生をどのように生きるかを探し求める旅でもある。 ドイツには保存鉄道とその関連の博物館が、全州合わせて約250か所もある。 こんな旅をしていると、ドイツ保存鉄道を全走破したいという気が芽生えるが、何時になることやら。 定年退職後に折り畳み自転車"ブロンプトン"でロマンティック街道を旅して、行く先々で蒸気機関車の走る姿に出合ったことから始めた「保存鉄道の追いかけ」は止まらない。

聖地オーデンセを訪れ、70歳からの第三の人生についてアンデルセンに相談してみようと思う。 はたして、彼の提案はどの様なものなのか。

さあ、ドイツからオランダに寄り道した後、再びドイツのハンブルク(Hamburg)から渡り鳥ライン(Vogelflug-Linie)でデンマークを目指す。 このルートは四つの島を渡り鳥の様に島伝いに渡ることか名付けられ、鉄道ファンが楽しみなのは、ドイツのフェーマルン(Fehmarn)島からデンマークのロラン(Lolland)島へは列車丸ごとフェリーに積み込まれるという、今となっては貴重な乗船体験(約40分)だ。

1、お気に入りの豚のしっぽ鉄道

ドイツ発デンマーク行きの国際列車(仮想)は南ドイツから出発、バーデン・ヴュルテンベルク州最南部のスイス国境近には私のお気に入りの鉄道の一つ、ループ路線がこれでもかと連続する「豚のしっぽ」というあだ名の付いたヴタハタール鉄道(Wutachtalbahn)から旅は始まる。 この鉄道はドイツの土木技術(橋梁、トンネル)レベルの高さを思い知らされる路線なのだ。

2、デュッセルドルフ(Düsseldorf)周辺の小さい町とその近郊の蒸機保存鉄道

次はドイツ西部、父なる河、ライン川が流れるノルトライン・ヴェストファーレン州。 その中心に活気あふれる商業の街、日本企業が多く進出しているデュッセルドルフ(Düsseldorf)がある。 私にとっても、機械エンジニアの現役時には環境廃棄物関連のメッセや廃プラスチックの破砕機・選別機・造粒機の技術導入、元の原料や製品に戻すマテリアルリサイクルや固形燃料化し燃やしてエネルギー回収をするサーマルリサイクル等の実稼働プラントに、顧客案内と幾度か訪れ思い出のある特別な街でもある。 近郊のショート旅として案内本には載っていない、誰にも教えたくない三つの小さい町、絵画から飛び出してきたようなカイザースヴェルト(Kaiserswerth)、ピンク色の城があるベンラート(Benrath)、中世の城壁に囲まれた

ツォンス(Zons)へと、U バーンやトラム、S バーンで訪れることができる。　おまけは近郊に足を延ばすとある、蒸機やディーゼル機関車が牽引する二つの保存鉄道だ。一つはデュッセルドルフの北西約 17 kmに位置するライン川沿いの街、クレーフェルト(Krefeld)にあるシュルフ"Schluff"保存蒸機鉄道(Schluff Krefelds historische Dampfeisenbahn)、もう一つ北方約 60 kmに位置するオランダに向けて流れるライン川沿いの街ヴェーゼル(Wesel)には、蒸機やディーゼル機関車が走るヴェーゼル保存鉄道(Historischer Schienenverkehr Wesel)がある。

3、オランダの保存蒸機鉄道
　　ここで、寄り道してオランダの蒸機保存鉄道も体験して見ようという訳なのだ。　一つはデュッセルドルフから鉄道で約 1 時間 20 分、ドイツで最も西に位置するオランダとの国境近くのアーヘン(Aachen)、大聖堂や温泉保養地で良く知られた歴史ある街である。　アーヘン中央駅前からバスで約40〜50分(乗り換え1回)の田舎町に、南リンブルフ蒸機列車会社が運営する保存鉄道(ZLSM:Zuid Limburgse Stoomtrein Maatschappig)がある。　もう一つアムステルダム中央駅からオランダ国鉄で約 35 分、アイセル湖に面した田舎町ホールン(Hoorn)にはチューリップ畑の中を走る青い蒸気機関車、ホールン−メーデムブリック保存蒸機鉄道(Museum Stoomtram Hoorn-Medemblik)がある。　チューリップの咲く時期に訪れ、運良く快晴、蒸機に負けじと自転車を駆使し、チューリップ畑を駆けまわる。

4、バルト海の沿岸を走るモリー鉄道とリューゲン軽便鉄道
　　再び北ドイツ、メクレンブルク＝フォアポンメルン州(Mecklenburg-Vorpommern)には、今なお蒸機が定期運行するモリー鉄道(Mecklenburgische Bäderbahn)がバルト海の沿岸を走り、バルト海に浮かぶドイツ最大の島であるリューゲン島ではこちらも蒸機が定期運行するリューゲン軽便鉄道(Rügensche BäderBahn)がある。

リューゲン軽便鉄道(Rügensche BäderBahn)

モリー鉄道(Mecklenburgische Bäderbahn)

5、東フリースラント諸島、小さな島には蒸機やディーゼル牽引列車と馬車鉄道

　オランダとの国境に接する北ドイツ、東フリースラント諸島には真珠の首飾りのように つながる小さな島があり、海洋性の気候と手つかずの自然が残り、野鳥やアザラシ の楽園となっている。　オランダ、ドイツ、デンマークと続く総面積が11,000平方キロメ ートルのユネスコ世界自然遺産「ワッデン海」、わずか 10,000 年程度の歴史しかな い、地質学的には非常に新しい地形であり、風や潮汐によって絶えず姿を変えてい る。　さらに、6時間毎に繰り返される干潮と満潮により、風景も魔法さながらに刻々と 変化するとドイツ観光局のホームページで紹介されている。

　それに加えて、鉄道好きにはたまらない島の軽便鉄道が生き残り、リゾート地の観 光客と島の物流輸送を担っている。　三つの島(ボルクム島、ランゲオーク島、ヴァン ガーオーゲ島)ではなんとディーゼルや蒸機がレトロな客車を牽引し、フェリー埠頭と 町の中心を繋いでいる。　堪らないのは、埠頭ではフェリーに横付けして列車が待っ てくれているという、今となっては珍しい光景が迎えてくれる。　もう一つの島(シュピ

ボルクム軽便鉄道(Borkumer Kleinbahn) フェリー埠頭

ーカーオーク島)では軽便鉄道は廃止されてしまったが、島民の熱意で復活した昔の良き時代の馬車鉄道が見られる。　又、本土側の東フリースラント地方には、ディーゼル機関車がレトロな客車を牽引する保存鉄道、キュステン鉄道(Küstenbahn Ostfriesland)もある。

6、渡り鳥ライン(Vogelfluglinie)でデンマークへ
　ドイツ/フェーマルン島のプットガルデン(Puttgarden)とデンマーク/ロラン島のレズビュー(Rødby)間にあるフェーマルン海峡の 19km は、フェリーによる列車航送が体験できる。　この海峡にはフェーマルン・ベルトトンネル(2024 年完成予定)が沈埋トンネル方式で計画され、トンネル開通時にはフェリーが廃止されるだろう。　今のうちに味わっておこうという魂胆なのだ。
　ドイツのハンブルク中央駅からデンマーク国鉄(DSB)の IC3(列車番号は EC3)に乗車。　この気動車の全面はゴム製の連結幌で覆われた特異な形状、鉄道好きには触ってみたいという衝動に駆られる。　実は、コペンハーゲン中央駅で連結する瞬間を運よく見られたのだが、ゴム幌は一瞬つぶれた後に連結が完了すると復帰する。　触ってみたが確かにゴムなのだ。　渡り鳥ラインを共同運行しているドイツ鉄道の ICE-TD (列車番号は ICE)もあったが、DB ドイツ鉄道ホームページ(www.bahn.de)の時刻表で調べると無いぞ、今となっては珍しいディーゼル駆動の ICE の運行は既に 2017 年終了しているようだ。　ドイツ本土を離れフェーマルン(Fehmarn)島、ロラン(Lolland)島、ファルスター(Falster)島、シェラン(Sjælland)島と四つの島を渡り鳥気分でフェリーと橋梁で結び、ハンブルクからコペンハーゲンまでの所要時間はフェリーの乗船時間を含め約 5 時間の旅。

ハンブルク中央駅(Hamburg Hbf)

7、デンマーク保存鉄道

　南ドイツを出発した仮想国際列車は、14 世紀にはハンザ同盟の有力都市として繁栄し、今ではドイツ最大の港湾都市ハンブルクを経由し、北欧への通称「渡り鳥ライン」を島伝いに北上する。　プットガルデン Puttgarden (ドイツ)～レズビュー Rødby (デンマーク)間のフェーマルン・ベルト海峡を航行するスカンドラインズ (Scandlines) で列車丸ごと航送、約 40 分の乗船はバルト海の香り風をゆっくり感じる間もなくデンマークのロラン島 (Rolland)のレズビューに入港する。

(1) マリボ保存鉄道(Museumsbanen Maribo-Bandholm)

　このロラン島中部のセナー湖(Søndersø)に面した町、一帯はチーズの産地であるマリボ(Maribo)には蒸機やディーゼルがレトロな客車を牽引する保存鉄道 (Museumsbanen Maribo-Bandholm)がある。　しかも、この 6/29 土曜日 (2019 年)には、保存鉄道とフェリーがセットになった自然豊かな小さな二つの島(Askø と Lilleø)の観光イベント、「Askø/Lilleø,29.junin2019」があり、飛び入り参加する機会があった。　自転車を専用貨車に丸ごと積み込み、小さなフェリーには自動車、自転車、乗船客を満載し、子連れで歩く人もいたが、私は島内をサイクリングしながらイベント会場巡りを楽しんだ。　おまけに翌日/30 日曜日は、保存鉄道 SL の特別運行日なのである。

　実は、保存鉄道(Museumsbanen Maribo-Bandholm)のホームページにこの観光イベントの案内があり、どうやら鉄道とフェリーが無料のようだ。　日本人一人ぐらい何とかなるさと、自分に言い聞かせて当日ディーゼル機関車が牽引する保存鉄道に乗車した。　車掌からチケットを購入しようとしたが、無料フリー、おまけにフェリーでも無料フリーということで、フリー三昧！このイベントは島の PR かもである。

Askø 島イベントライブ

Askø 島へのフェリー　Bandholm 港を出航

(2) デンマークトラム博物館(Tramway Museum Skjoldenæsholm)
　「渡り鳥ライン」の終着駅、デンマークの首都コペンハーゲンの約15km手前には、シュラン島北部のフィヨルド最奥部に位置する1000年以上もの歴史を持つ古都ロスキレ(Roskilde)がある。　世界遺産である赤レンガのロスキレ大聖堂とバイキング博物館で有名である。　このロスキレから南西約20kmに位置する緑豊かな地域 Jystrup にデンマークトラム博物館(Tramway Museum Skjoldenæsholm)がある。　今、オーデンセの街はトラム復活を目指して建設工事中なのだが、旧路面電車が保存されているので訪れた。　各種トラムの修復保存している車庫内は立ち入り禁止であったが、スタッフに日本から来たと挨拶すると案内してくれ、お目当てのトラムを撮影できた。

(3)オーデンセの街はトラム復活と都市計画
　　私はアンデルセンが青年時代暮らしたシュラン島のコペンハーゲンから生まれ故郷であるフュン島のオーデンセを結ぶ、デンマーク鉄道の幹線路線を「アンデルセンライン」と呼んでいるが、黒いゴム製の連結幌で覆われた黒マスクの特急(IC,ICL)が20分間隔で走る。　11世紀には教会を中心に宗教的に重要な都市として繁栄、今でもフュン島の政治的、商業的中心地として発展しているオーデンセを訪れた。
　　計画トラム路線の全工程14.5kmを自転車と路線バスを駆使し、進行状況を調査した。　2020年に開業予定(14.5km)であり、南デンマーク大学、新設総合病院、大規模ショッピングモール、スエーデン家具のイケア店とも直結し、パークエンドライド方式を採用、郊外に駐車場を設け、そこからトラムに乗車する。　街中に入る車を制限し、環境に優しい街造りが始まり、街は建設工事中なので活気があり熱いぞ！低床型の路面電車LRTを導入・復活と2020年(2021年に遅れる見込み)が待ち遠しい。

オーデンセトラム路線　建設工事中
Hestehaven 通り

大規模ショッピングモール前
建設工事中（バス車窓）

トラム博物館　12
オーデンセ旧路面電車

(4) 南フュン島保存鉄道(Syd Fyenske Veteranjernbane)

　フュン(Fyn)島南部の港町 faaborg と Korinth 間の生き残った廃線を活用し、ディーゼル機関車がノスタルジックな客車を牽引している保存鉄道がある。　特別運行日の朝早くに始発駅 faaborg に行き、スタッフに手を挙げて挨拶すると、機関庫を案内するからと連れて行ってくれたのだ。　旧機関庫のようで扇型機関庫のターンテーブルの転車台本体を使い、ガーダー方式にして横移動するように改造したようだ。　内部は保存修復中の宝物が所狭しと保管されている。　作業服を着ていたが話をするとなんとこの機関庫の責任者だそうだ。　運行が始まると鉄道員のスーツに着替え変

Syd Fyenske Veteranjernbane　南フュン島保存鉄道(ディーゼル機関車)

イーエスコウ城(Egeskov Slot)

身なのだ。 良く似合うと声を掛けると嬉しそうな責任者の顔になっていた。
　この faaborg に行くには、オーデンセからデンマーク鉄道のローカル線で南の港
町であるスベンボー(Svendborg)の港町行きに乗り、途中の Kværndrup 駅で faaborg
Midtfyn 行きの路線バスに乗り換えるのだが、駅から路線沿いを南に歩き道路に出
て左である。 駅から 2.5 kmの所にイーエスコウ城(Egeskov Slot)があるので是非訪
れてみたいので、二つ目のバス停 Egeskov Gade 下車となる。

(5)ノスタルジックでヴィンテージな保存鉄道(Veterantog Mariager-Handest)
　「童話の王様」アンデルセンの生まれ故郷、フュン島のオーデンセからヨーロッ
パ大陸の北に突き出たユトランド半島のホーブロー(Hobro)を目指す。 ICL で約 2
時間 40 分の旅である。 小さなリレベルト海峡を跨ぐリレベルト海峡鉄道橋を渡ると
そこはユトランド半島である。 途中オーフス(Arhus)は行き止まりの駅なので ICL の
進行方向が逆になるので驚かないように。 ホーブロー駅に到着、路線バス(234 系
統)に乗り換え、約 30 分で保存鉄道(Veterantog Mariager-Handest)の始発駅マー
イエーヤ(Mariager)に着く。 35 kmもあるマーイエーヤ・フィヨルド（Mariager Fjord）
のほぼ中間に位置する港町。 フィヨルドの最奥部には鉄道からバスに乗車したホー
ブローの町がある。 特別運行日の朝早く蒸機の機関庫を訪れると、丁度暖気
運転中で写真を撮っても良いかと聞くと OK！機関庫の中まで進入できたのだ。

保存鉄道(Veterantog Mariager-Handest)

マーイエーヤ(Mariager)　朝の機関庫

モリー鉄道　Molli(Mecklenburgische BäderBahn)

バート　ドベラーン　　オストゼーバート　キュールングスボルン　西
Bad Doberan〜Ostseebad Kühlungsborn West

(軌間：900mm　路線距離：15.43 km)

メクレンブルク保養地鉄道　www.molli-bahn.de

　北ドイツのメクレンブルク＝フォアポンメルン州(Mecklenburg-Vorpommern)、バルト海(Ostsee)に面する海水浴場や保養地を結び、今なお定期運行し、蒸機機関車が牽引するノスタルジックな列車が走るモリー鉄道(Mollibahn)がある。　その始発駅のバート・ドベラーン(Bad Doberan)は、バルト海交易や海運で栄え、北欧の雰囲気を持つハンザ都市、ロストック(Rostock)から西へ約15kmに位置する。　2007年に開催された第33回主要国首脳会議(サミット)が開催されたことで一躍有名になった。

　この鉄道はバート・ドベラーンの街中をカンカンカンと警笛を鳴らしながら、商店街が続く狭い石畳の道を走ることで良く知られている。　買い物や散歩中の住民は日常茶飯事なので、振り向きも避けようともしない。　その傍を蒸機が注意しながらトコトコ走る珍しい光景が見られ、観光客はカメラを向け撮影に釘付けとなるのである。

　メクレンブルク保養地鉄道(モリー)Mecklenburgische Bäderbahn (Molli)について歴史と路線の目的や経過、現在の状況について知りたくなった。「モリー(Molli)」は、ドイツのバルト海沿岸で最古の狭軌鉄道(900mm 軌間)の名称で、バート・ドベラーン(Bad Doberan)、ハイリゲンダム(Heiligendamm)、キュールングスボルン(Kühlungsborn)の有名な海辺保養地を延長 15.4km の路線で結んでいる。　蒸気機関車が牽引する列車の旅は最初、バート・ドベラーン街中の真ん中を通り、その後、絵のように美しいハイリゲンダムのシナノキの並木道に沿ってブラスト音を響かせ、ヨーロッパ最古の競馬場を通り過ぎ、最後にオストゼーバート・キュールングスボルン(Ostseebad Kühlungsborn)に到達する。

　バート・ドベラーンからハイリゲンダムまで約 6km の距離を接続することが鉄道運行の目的で、わ

ホテル Doberaner Hof 2 階の部屋から撮影

ずか 6 週間の工事を経て、1886 年 7 月に開通した。 当初、列車の運行は 5 月から 9 月末までの海水浴シーズンと、特別行事の際の臨時便に限られていた。 1910 年に路線はアーレントゼー (Arendsee)、すなわち今日のキュールングスボルンまで延長された。

オーレンシュタイン・ウント・コッペル社 (Orenstein und Koppel) が 1932 年に製造した 3 両の機関車が今も稼働中で、路線を走る車両のうち、99 形式の蒸気機関車 5 両と客車 37 両を含め、計 74 両の車両が路線を走っている。

とりわけ素晴らしいのはサロンカーでのロマンティックな旅。ベルベット張りの座席に腰かけ、真鍮製のランプの下で過ぎた昔の雰囲気に浸ることができる。 終点キュールングスボルン・ヴェスト (キュールングスボルン西駅、Kühlungsborn West) では、1922 年建造の機関庫と 1915 年からある車庫が見ものである。 後者は現在、古典車両の拠点になっており、1911〜26 年製の客車 4 両、1886 年と 1902 年製の手荷物車 2 両、1922 年と 1927 年製の貨車 2 両が在籍している。

「モリー」は 1976 年以来、交通・工業史の技術遺産に格付けされ、通年営業されているのが自慢。

BAD DOBERAN - OSTSEEBAD KÜHLUNGSBORN WEST (gültig / valid 13.4.2017 – 31.10.2017)

Einschränkungen / restrictions		A											Erlebnisfahrten im „100-jährigen Zug"	A ①	①
	VW													VW	VW
Ankunft von / arrival from Wismar	A 06:29	08:29	9:29	10:29	11:29	12:29	13:29	14:29	15:29	16:29	17:29	18:49		19:29	20:29
Ankunft von / arrivial from Rostock Hbf	06:27	08:27	9:25	10:25	11:25	12:25	13:25	14:25	15:27	16:27	17:27	18:45		19:25	20:25
Bad Doberan, Bf. / ab / departure	06:35	08:35	09:36	10:36	11:36	12:36	13:36	14:36	15:36	16:36	17:45	18:45		19:40	20:32
Bad Doberan, Stadtmitte	06:37	08:38	09:39	10:39	11:39	12:39	13:39	14:39	15:39	16:39	17:48	18:48		19:42	20:34
Bad Doberan, Goethestraße	I	08:42	09:43	10:43	11:43	12:43	13:43	14:43	15:43	16:43	17:52	18:52		I	I
Bad Doberan, ZOB	06:40	I	I	I	I	I	I	I	I	I	I	I		19:45	20:37
Bad Doberan, Ärztehaus	06:42	I	I	I	I	I	I	I	I	I	I	I		19:47	20:39
Rennbahn	X1 06:45													19:50	20:42
Heiligendamm / an / arrival	06:48	08:53	09:54	10:54	11:54	12:54	13:54	14:54	15:54	16:54	18:02	19:02		19:53	20:45
Heiligendamm / zb / departure	06:48	08:56	10:00	11:00	12:00	13:00	14:00	15:00	16:00	17:00	18:03	19:03		19:53	20:45
Steilküste	X I	X09:03	X10:07	X11:07	X12:07	X13:07	X14:07	X15:07	X16:07	X17:07	X18:10	X19:10			
Hinter Bollhagen	06:52													19:57	20:49
Wittenbeck, Zeltplatz	06:54													19:59	20:50
Wittenbeck, Nasse Ecke	I													20:00	20:51
Kühlungsborn, Friedhof	06:57													20:02	20:53
Kühlungsborn, Ost	07:00	09:09	10:13	11:13	12:13	13:13	14:13	15:13	16:13	17:13	18:16	19:16		20:05	20:56
Kühlungsborn, Mitte	07:02	09:12	10:16	11:16	12:16	13:16	14:16	15:16	16:16	17:16	18:19	19:19		20:07	20:58
Kühlungsborn, Neue Reihe	I													20:09	21:00
Kühlungsborn West / an / arrival	07:06	09:17	10:21	11:21	12:21	13:21	14:21	15:21	16:21	17:21	18:24	19:24		20:11	21:02

Es gelten die Tarifbestimmungen und Beförderungsbedingungen der Mecklenburgischen Bäderbahn Molli GmbH. Das Verkehrsunternehmen haftet für Unrichtigkeiten im Fahrplan bei bei Ausfall von Fahrten, deren Ursachen es nicht zu vertreten hat. Änderungen vorbehalten.

- 🚂 = Molli Schmalspurbahn / narrow-gauge railway
- 🚌 = Linienbus = VVW-Tarif (vom Bahnhofsvorplatz), keine Anerkennung von Fahrkarten der MBB Molli, außer Wochen- und Monatskarten / regular bus, does not accept Molli tickets
- A = verkehrt Montag - Freitag, nicht an Feiertagen / runs Monday-Friday, except for holidays
- X = Zug hält vom 01.06. – 30.09., sonst nur nach Bedarf (Meldung beim Lokpersonal erforderlich) / train stop 06/01/2017 to 09/03/17 otherwise train stops when needed / for stop contact train driver
- X1 = Halt nur bei Veranstaltungen / only stops when scheduled public event
- 🚲 = Bus fährt von bzw. nach Rostock-Hauptbahnhof ZOB / bus goes to and from Rostock central station
- 🚲 = Fahrradmitnahme im Gepäckwagen / entrainment of bikes
- 🍴 = Salonwagen mit Getränke- u. Speisenverzehr im Zug, verkehrt täglich (zusätzliche Fahrten auf Vorbestellung) / parlour car runs every day, additional hours can be booked
- 🍴 = Salonwagen nur auf Nachfrage / parlour car only when booked
- ① = Ab 05.09.2017 Änderungen im Busfahrplan beachten. Info: www.rebus.de / from 09/05/17 changes of bus schedule possible

バート・ドベラーン駅 (Bad Doberan Bahnhof)
愛称モリーの始発駅から、町の中心シュタットミッテ (Stadtmitte)へ

　バルト海に面する港湾都市、中世ではハンザ同盟の中心都市であったロストックに前泊、ノイアーマルクト広場(Neuer Markt)ではトラムが走る夜景が美しい。　明日は蒸機三昧となりそうだ。　というのは、石畳の狭い道を路面電車のように蒸機が走ることで良く知られているモリー鉄道の愛称モリーに会いに行くのだがどんな出会いが待っているのか楽しみだから。　もう一つの楽しみはこの石畳の道に面した宿を予約していて、おまけに宿の2階からは走る蒸機も撮影できると宿の主人に確認済であること。　部屋の2階でカフェをしていると追い駆けなくても蒸機がやってくるという、とっておきの企画である。

　ロストック中央駅(Rostock Hbf)15:06 発ビスマール(Wismar)行きのドイツ鉄道 RB 普通列車に乗車、15:27 バート・ドベラーン駅に到着、ローカル列車で約 20 分と意外と近いのだ。　着くと隣のホームに蒸機が牽引する列車が入線し、多くの乗客が乗車し始め、蒸機は煙をモクモクと吐き出し、出発準備中である。　ホームではもう一つの可愛らしいモリーが登場、ドイツに来たらこれだと早速ブラートヴルストタイムである。　この駅の駅舎案内所で路線地図を購入、駅舎にはカフェ蒸機、駅の奥には機関庫がある。　ウインナーとパンを頬張りながら満員で出発するモリーの撮影をする。　煙を残し、蒸機が出発した後の静かさも良いものだ。　さあ、蒸機を追い駆けるというよりもポタリング、路線沿いに自転車で石畳の商店街がある町の中心シュタットミッテ(Stadtmitte)に向かう。　そこには 100 年以上も続き、蒸機と住民が共に生活してきた歴史ある町があった。

シュタットミッテ
Stadtmitte停留所 路線沿いに徒歩で約 10 分、自転車で約 5 分。こんな光景に出合える！

出発進行！　　出発するモリーを追い駆けよう

DB ドイツ鉄道
バート ドベラーン
Bad Doberan駅

モリー鉄道
バート ドベラーン
Bad Doberan駅

Holzkohlegrill Dampfzeiten:
"Dampf"
Vorsicht Heiß!
DAS IST
KEIN
SPIELPLATZ!

ブラートヴルスト(Bratwurst)
ここにもモリーが登場

Cafe Dampf
BAD DOBERAN

レストラン
カフェ・ダンプ

駅舎案内所

機関庫

踏切を渡り撮影ポイントへ
出発間際のモリー奥には機関庫がある

21

今日の宿Hotel Doberaner Hof 2 階の部屋から蒸機の撮影
ホテルの前は町の中心Stadtmitte停留所、石畳の狭い道は撮影ポイント

ホテル"ドーベラーナー・ホーフ"2 階のファミリールームを独り占め、世界の宿泊予約サイト Booking.com で 2 泊予約しているのだ。 荷物を整理していると カンカンカンと鐘の音が、慌てて窓を全開してバート・ドベラーン行きの列車を部屋から撮影。 下はちょうどシュタットミッテ停留所なので乗客の乗り降りの様子も見られる。 蒸機は車掌の合図で汽笛を鳴らし交差点を横断して進むのだが、なんと自転車用の貨車を含めて 10 両

キュールングスボーン行き

運行掲示板

町の中心Stadtmitte停留所

バート・ドベラーン行き出発

の長編成、モリーは力強い。 今度はバート・ドベラーンからの列車を石畳の道から狙おう。 観光客が待ち構えるシュタットミッテ停留所に、蒸機は後ろ向きのスタイルでやってきた。 乗客の乗り降りで混雑する中、列車に見向きもしないで子供がいつもと変わらなく停留所の歩道を歩いている。 きっと地元の子であろう。 このシーンは生活に溶け込んでいる一コマに過ぎないようだ。

ホテル Doberaner Hof

Hotel Doberaner Hof 2階の部屋から撮影

蒸機の走る石畳のモリー通り(Mollistraße)と周辺の街中散歩
モリー通りは商店街、カフェやレストラン、小物雑貨店、ブティックが並ぶので散歩に最適

宿泊したホテル"ドーベラーナー・ホーフ"Doberaner Hofはシュタットミッテ停留所の前なので、気軽に街の散歩と洒落込んだ。　ゾーンAはモリー通りの商店街、停留所前の雑貨店ではモリーのチケットを購入できる。　レストラン Mesogios、カフェベーカリーBraun、雨宿りでお世話になったこちらもカフェベーカリーMolli-Café、センスの良い服屋さんは看板にwo＆men in dressとある。　Bは路地に一歩入るとカフェレストラン Café Zikke や小物雑貨衣服の小さな店が現れた。　Cは博物館と教会があり、街の歴史が感じられる煉瓦造りの建物や門、ショップもある。　Dはゲーテ通りとの交差点角にあるドラッグストアRossmann、マルクト広場の朝市、郵便局がある。　案内所はセヴェリーン通り(Severinstr.)にあるので立ち寄りたい。

博物館とショップ

煉瓦造りの門

ショップ

ドラッグストア Rossmann

キュールングスボルン　西
Kühlungsborn Westへ

C

ゲーテ通り
Goethestraße停留所

博物館

教会

煉瓦造りの門

D

郵便局

マルクト広場

案内所

A

B

ドラッグストア
Rossmann

カフェベーカリー
Molli-Café

レストラン
Mesogios

カフェベーカリー
Sparre

カフェベーカリー
Braun

小物雑貨衣服
の小さな店

wo＆men
in dress 服屋

カフェレストラン
Café Zikke

シュタットミッテ
Stadtmitte停留所

Hotel
Doberaner Hof

バート ドベラーン駅
Bad Doberan駅

ヴィスマール
Wismar

バート ドベラーン駅
Bad Doberan駅 DB

DB

ロストック
Rostockへ

機関庫

24

通り雨に遭遇 シュタット・ミッテ停留所　　ドイツでは珍しい土砂降りの雨

路地

カフェレストラン Cafe Zikke

レストラン Mesogios

カフェベーカー Braun

小物雑貨衣服の小さな店

wo&men in dress 服屋

カフェベーカリー Molli-Café

石畳のモリー通り
蒸機が接近しているのに、振り返ろうとはしない住民は日常生活そのものの光景

石畳のモリー通り(Mollistraße)のスナップ写真
バート・ドベラーンの住民にとって、モリーは何時もの日常生活に溶け込んでいる

　石畳のモリー通りは、住民にとって何時もの日常生活の道路であり、商店街なのでモリーに見向きもしない。　逆に、観光客は石畳の路面を蒸機が走ることが珍しく、モリーに釘づけとなる不思議な光景が見られる。　シュタットミッテ(Stadtmitte)停留所から北へ石畳のモリー通りを歩くと、歩道が急に狭くなり、モリーも速度を落としカンカンカンと鐘を鳴らしながら機関士も前後を注意深く確認しながら走る様子が見られる。　その先にゲーテ通りとの交差点がある。　朝市が開かれるマルクト広場や郵便局、スーパーマーケットがあるので買い物に便利である。　交差点の先にゲーテ通り(Goethestraße)停留所がある。　この先は道路と併用路線なので車とのすれ違いや列車の前後に車が走る珍しい光景が見られる。

シュタットミッテ
Stadtmitte停留所

モリー通り(Mollistraße)

ゲーテ通り
Goethestraße

ゲーテ通り
Goethestraße

モリー通り(Mollistraße)

石畳の商店街で、蒸機モリーを待つのに最適の 3 スポット
カフェ休憩して待っていると、蒸機がカンカンと鐘を鳴らしやってくるのだ！

　モリー通りには追い駆けなくても、カフェ休憩をしながら待っているだけでモリー蒸機がやってくるという、とっておきの店がある。　宿泊した Hotel "Doberaner Hof" 2 階の部屋から見える三角公園広場にはカフェベーカリー "Sparre" かあり、シュタットミッテ停留所に発着する蒸気が気軽に撮影でき、屋外のオープンデッキ席もあるので、天気の良い日には撮影に最適である。　もう一つ、停留所から直ぐ近くのカフェベーカリー "Braun" も路線に沿った歩道にはオープンデッキ席があり、すぐそばを蒸機が通過するので迫力がある蒸機を堪能できる。　シュタットミッテ停留所前の小物雑貨の店では、モリー蒸機のチケットを購入できる。　前にはどうぞお座り下さいと赤いベンチが置かれ、ここに陣取ると到着・出発の様子が手に取るように撮影できる。

カフェベーカリー "Braun"
前を通過する列車

カフェベーカリー "Braun"

シュタットミッテ
Stadtmitte停留所前のショップは、モリーのチケットも販売、ベンチは地元住民の指定席

カフェベーカリー "Sparre" には屋内と屋外のパラソル席がある
店の横には木漏れ日の射す三角広場があり、ベンチもあるぞ

モリー通りに面して、オープンデッキ席もある

29

　バート・ドベラーン街中のモリー通り、ゲーテ通りを過ぎると郊外に出る。　進行方向右側に道路と並行に大きな樹木が続き、左の牧草地には牛が群がり、牛達は思い思いのスタイルでリラックスしている。　近づいた私には反応があったが、通過する蒸機には無視というよりは慣れっこになっている。　バート・ドベラーン行とキュールングスボルン・ヴェスト行きの列車を撮影。

撮影ポイント A　牧草地への踏切
バート・ドベラーン行

撮影ポイント A　牧草地への踏切から少し歩くと牛の群れ
キュールングスボルン・ヴェスト行

Boarding, please enter all!

バルト海
Ostsee

Kleiner
Wohld

ハイリゲンダム
Heiligendamm

コンヴェンター　湖
Conventer See

ハイリゲンダム駅
Heiligendamm駅

Großer Wohld

レンバーン駅
Rennbahn駅

撮影ポイント B　レンバーン
Rennbahn駅

撮影ポイント A　牧草地

ゲーテ通り
Goethestraße 停留所

道路併用区間

石畳区間

シュタットミッテ
Stadtmitte停留所

バート・ドベラーン
Bad Doberan

バート ドベラーン
Bad Doberan駅

道路併用区間

31

路線沿いを折り畳み自転車で走り、モリーを撮影しよう！（其の二）

路線沿いポタリングの途中、撮影ポイント B のレンバーン(Rennbahn)駅でバート・ドベラーン行きの列車を撮影。 ハイリゲンダム駅を通ると海沿いの自転車道、バルト海を見ながら森との間を進むと広い草原に出る。 撮影ポイント C の踏切で蒸機を待ち、バート・ドベラーン行き前向きと後姿も撮影。 海沿いを走り、キュールングスボルン港ではバルト海を見ながらカフェ休憩し、リゾート海岸地の雰囲気を満喫できた。 次のキュールングスボルン・オスト(Kühlungsborn Ost)駅でも蒸機を撮影、この駅舎には案内所 ℹ️ があるので情報を収集、購入した地図にスタッフは自転車屋さんの場所をマーキングしてくれた。 出向きフレームのボルト増し締め完了。 駅前で蒸機スタイルの連接バス"Bäder-Express"に遭遇、キュールングスボルン東と西のシャトルバスのようだ。

撮影ポイント C 草原

撮影ポイント C 後ろ姿

撮影ポイント B　Rennbahn駅
レンバーン

Kühlungsborn Ost駅
キュールングスボルン　オスト

Kühlungsborn港、
キュールングスボルン
ヨットハーバー、海水浴場

終着折り返し駅 Kühlungsborn West
キュールングスボルン　西

駅舎には Museums-Cafe があり、列車待ちの休憩に最適

　終着のキュールングスボルン・ヴェスト(Kühlungsborn West)駅に到着すると、蒸機は切り離されて歴史が感じられる煉瓦造りの機関庫横の給水塔で給水作業を行う。　終わると機廻しをして列車の先頭に移動、皆の注目を浴びながらの連結作業である。　駅舎にはカフェレストランやモリー鉄道の博物館があり古き良き時代にタイムスリップできる。　できれば一本送らせて自分だけの休憩タイムにしたい。　バート・ドベラーンの機関庫は新しい建物だが、ここは古い煉瓦造りの建屋なので、次回には朝焼け、夕焼け、夜に撮影をと狙っている。

キュールングスボルン　西
Kühlungsborn West 駅
99 型 2323-6 号機

機廻しをして列車の先頭に連結
バート・ドベラーン行きは前向きスタイル

キュールングスボルン　西
Kühlungsborn West 駅

Museums-Cafe

店内のショップ

博物館

本日のスープ

　バルト海に浮かぶドイツ最大の島、リューゲン島はドイツ本土のシュトラールズント(Stralsund)と幅約 2.5km の狭い海峡を隔てて、鉄道と道路橋で結ばれている。　ちょっと聞きなれないが、メクレンブルク・フォアポンメルン州に属し 1990 年に東西ドイツが統一されたときに新たに連邦州となった。

　旧東ドイツ時代から高級保養地、避暑地として良く知られ、島の多くは国立公園や自然保護区域に指定されている。　その海岸線には計 60 km にも及ぶ砂浜や海水浴場がある。　夏の休暇期間には多くの海水浴客を、このリューゲン軽便鉄道がノスタルジックな客車を牽引し、上品な高級ホテルが立ち並ぶ海水浴場に連れて行ってくれる。　より郷愁を誘うのが、100 年以上の歴史をもつ狭軌鉄道の蒸機「荒くれ者ローラント」で、時速 30 キロメートルのスピードで島内の海水浴場を結んでいるのだ。

　リューゲン島に 750mm 軌間の軽便鉄道、プットブス(Putbus)～ビンツ(Binz)間の約 10 km が開通したのは 1895 年、1896 年～1899 年にはゲーレン(Göhren)まで約 24 km の路線が完成した。　その後最盛期には路線を増やし、島の最北にあるアルテンキルヒェン(Altenkirchen)にまで伸延し、ナローゲージ路線網を形成していたが、1960 年代後半には路線が廃止され、プットブスとゲーレン間の 24 km が生き残ったのである。　1996 年に民営化され、1999 年にはプットブスから港のあるラウターバッハ・モーレ(Lauterbach Mole)まの DB 標準軌路線に、狭軌のリューゲン軽便鉄道も走れるようにレールを 1 本追加し約 2 km の三線軌条を設けて伸延し、今ではリューゲン軽便鉄道と DB から民営化された私鉄プレスニッツタール鉄道がこの路線を共用している。

　リューゲン軽便鉄道ではプットブスとゲーレンの手前の駅バーベ(Baabe)までを蒸機「Rasender Roland」の牽引する列車で鉄道旅、バーベボルヴェルク(Baabe Bollwerk)港から船「MS Sundevit」でラウターバッハ・モーレ港に戻る周遊観光を提案している。

　アプローチのお勧めはバルト海交易や海運で栄え、北欧の雰囲気を持つハンザ都市、ロストック(Rostock)に前泊、ロストックにはトラムが走り、街中にはシュタイン門(Steintor)やノイアー・マルクト広場には市庁舎があり、トラム撮影には最適である。　翌日、ロストック中央駅(Rostock Hbf)から DB

ラウターバッハ　モーレ
Lauterbach Mole 駅手前のカーブ (三線軌条)

ドイツ鉄道でリューゲン島のベルゲン(Bergen auf Rügen)駅へ、プレスニッツタール鉄道に乗り換えてプットブス又はその先のラウターバッハ・モーレまで約2時間半～3時間の乗車となる。

199 LAUTERBACH MOLE — Rügensche BäderBahn R BB — Baabe – Göhren → 199

Alle Züge 2. Klasse, Gepäck- und Fahrradtransport in allen Zügen

Zug		P 101	P 223	P 103	P 225	P 105	P 227	P 107	P 229	P 109	P 231	P 111	P 113	P 115
Bergen auf Rügen	ab PRESS	7:40		9:40		11:40		13:40		15:40		17:40	19:40	
Putbus	an PRESS	7:49		9:49		11:49		13:49		15:49		17:49	19:49	
		tgl	tgl	tgl	tgl	tgl	tgl	tgl	tgl	tgl	tgl	tgl	tgl	(1)
Lauterbach Mole	ab					11:22		13:22		15:22		17:22	19:22	
Putbus LB	an					11:29		13:29		15:29		17:29	19:29	
	ab	8:08		10:08		12:08		14:08		16:08		18:08	20:08	
Beuchow	x	8:12		10:12		12:12		14:12		16:12		18:12	20:12	
Posewald	x	8:18		10:18		12:18		14:18		16:18		18:18	20:18	
Seelvitz	x	8:24		10:24		12:24		14:24		16:24		18:24	20:24	
Serams	x	8:29		10:29		12:29		14:29		16:29		18:29	20:29	
Binz LB	an	8:35		10:35		12:35		14:35		16:35		18:35	20:35	
	ab	8:40	9:44	10:40	11:44	12:40	13:44	14:40	15:44	16:40	17:44	18:40	20:40	22:44
Jagdschloß	x	8:47	9:51	10:47	11:51	12:47	13:51	14:47	15:51	16:47	17:51	18:47	20:47	22:51
Garftitz	x	8:53	9:57	10:53	11:57	12:53	13:57	14:53	15:57	16:53	17:57	18:53	20:53	22:57
Sellin West	x	9:01	10:05	11:01	12:05	13:01	14:05	15:01	16:05	17:01	18:05	19:01	21:01	23:05
Sellin Ost	an	9:05	10:09	11:05	12:09	13:05	14:09	15:05	16:09	17:05	18:09	19:05	21:05	23:09
	ab	9:09	10:13	11:09	12:13	13:09	14:13	15:09	16:13	17:09	18:13	19:09	21:09	23:13
Baabe		9:14	10:18	11:14	12:18	13:14	14:18	15:14	16:18	17:14	18:18	19:14	21:14	23:18
Philippshagen	x	9:18	10:22	11:18	12:22	13:18	14:22	15:18	16:22	17:18	18:22	19:18	21:18	23:22
Göhren		9:23	10:27	11:23	12:27	13:23	14:27	15:23	16:27	17:23	18:27	19:23	21:23	23:27

199 LAUTERBACH MOLE – Göhren – Baabe – Sellin – Binz – Putbus ← 199

Alle Züge 2. Klasse, Gepäck- und Fahrradtransport in allen Zügen

Zug		P 222	P 102	P 224	P 104	P 226	P 106	P 228	P 108	P 230	P 110	P 232	P 112	P 114
		tgl	tgl	tgl	tgl	tgl	tgl	tgl	tgl	tgl	tgl	tgl	tgl	(1)
Göhren	ab	8:49	9:53	10:49	11:53	12:49	13:53	14:49	15:53	16:49	17:53	18:49	19:53	21:49
Philippshagen	x	8:53	9:57	10:53	11:57	12:53	13:57	14:53	15:57	16:53	17:57	18:53	19:57	21:53
Baabe		8:59	10:03	10:59	12:03	12:59	14:03	14:59	16:03	16:59	18:03	18:59	20:03	21:59
Sellin Ost	an	9:03	10:07	11:03	12:07	13:03	14:07	15:03	16:07	17:03	18:07	19:03	20:07	22:03
	ab	9:07	10:11	11:07	12:11	13:07	14:11	15:07	16:11	17:07	18:11	19:07	20:11	22:07
Sellin West	x	9:12	10:16	11:12	12:16	13:12	14:16	15:12	16:16	17:12	18:16	19:12	20:16	22:12
Garftitz	x	9:21	10:25	11:21	12:25	13:21	14:25	15:21	16:25	17:21	18:25	19:21	20:25	22:21
Jagdschloß	x	9:27	10:31	11:27	12:31	13:27	14:31	15:27	16:31	17:27	18:31	19:27	20:31	22:27
Binz LB	an	9:33	10:37	11:33	12:37	13:33	14:37	15:33	16:37	17:33	18:37	19:33	20:37	22:33
	ab		10:40		12:40		14:40		16:40		18:40	19:36	20:40	
Serams	x		10:46		12:46		14:46		16:46		18:46	19:42	20:46	
Seelvitz	x		10:52		12:52		14:52		16:52		18:52	19:48	20:52	
Posewald	x		10:56		12:56		14:56		16:56		18:56	19:52	20:56	
Beuchow	x		11:01		13:01		15:01		17:01		19:01	19:57	21:01	
Putbus LB	an		11:06		13:06		15:06		17:06		19:06	20:02	21:06	
	ab		11:11		13:11		15:11		17:11		19:11			
Lauterbach Mole	an		11:17		13:17		15:17		17:17		19:17			
Putbus	ab PRESS		11:11		13:11		15:11		17:11		19:11	(1) 20:11		
Bergen auf Rügen	an PRESS		11:20		13:20		15:20		17:20		19:20	(1) 20:20		

　ロストック中央駅 9:01 発ザスニッツ(Sassnitz)行きの普通列車(RE)に乗車、約 1 時間半でリュウゲン島のベルゲン駅に 10:09 到着。　民営化された私鉄、プレスニッツタール鉄道のディーゼルカーが 1 番線で待っている。　駅舎の売店でリューゲン島の自転車地図と主要な町の地図を購入、乗り換えの時間が 11 分しかない。慌てて 10:40 発のラウターバッハ・モーレ(Lauterbach Mole)行きに乗り込む。　1 両編成のディーゼルカーは心地良いディーゼル音をなびかせながら走る。　運転室の扉を開けてくれているので、運転士の後ろで前方パノラマのかぶりつきである。　10:49 プットブス駅に到着、10:50 終着のラウターバッハ・モーレ駅に向かって発車。　すると、運転士が前方のポイントを指さして、写真を取れと合図してくれた。　鉄ちゃん人気の狭軌と標準軌の分岐ポイントなのだ。

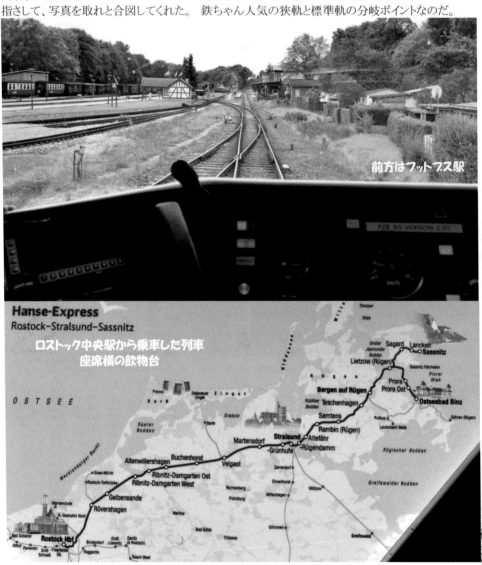

前方はプットブス駅

Hanse-Express
Rostock–Stralsund–Sassnitz

ロストック中央駅から乗車した列車
座席横の飲物台

Fahrplan

Pressnitztalbahn

198   Bergen auf Rügen – Putbus – Lauterbach Mole   → 198

Fahrplan gültig 11.12.2016 – 09.12.2017   alle Züge 2. Klasse, mit Gepäck- und Fahrradbeförderung

Zug		PRE 81249 (1)	PRE 81251 (2)	PRE 81253	PRE 81255 (3)	PRE 81257	PRE 81259	PRE 81261	PRE 81263 (3)	PRE 81265	PRE 81267 (3)	PRE 81269	PRE 81271 (3)	PRE 81273	PRE 81275 (4)	PRE 81277 (3)	PRE 81279 (3)
		Mo-Fr	Sa, So														
Stralsund	190			7:02	8:01	9:01	10:01	11:01	12:01	13:01	14:01	15:01	16:01	(6)17:01	18:01	19:01	20:01
Bergen auf Rügen	190		(5) 7:30	8:29	(5) 9:29	10:29	(5)11:29	12:29	(5)13:29	14:32	(5)15:29	16:31	(6) 17:29	18:29	19:29	20:29
von																	
Bergen auf Rügen			7:40	8:40	9:40	10:40	11:40	12:40	13:40	14:40	15:40	16:40	17:40	18:40	19:40	20:40
Putbus	199		7:49	8:49	9:49	10:49	11:49	12:49	13:49	14:49	15:49	16:49	17:49	18:49	19:49	20:49
nach																	
Putbus		5:50	6:50	7:50	8:50	9:50	10:50	11:50	12:50	13:50	14:50	15:50	16:50	(4)17:50	18:50	(3)19:50	
Lauterbach (Rügen) x		5:53	6:53	7:53	8:53	9:53	10:53	11:53	12:53	13:53	14:53	15:53	16:53	(4)17:53	18:53	(3)19:53	
Lauterbach Mole		5:54	6:54	7:54	8:54	9:54	10:54	11:54	12:54	13:54	14:54	15:54	16:54	(4)17:54	18:54	(3)19:54	

x = Bedarfshalt
(Halt auf Verlangen)

(1) nicht 26. Dez., 14., 17. Apr., 01., 25. Mai, 03., 05. Jun.
(2) auch 26. Dez., 14., 17. Apr., 01., 25. Mai, 03., 05. Jun.

(3) nur vom 25. Mai bis 03. Sep.
(4) täglich, nicht 24. Dez.

(5) bis 21. Mai und ab 11. Nov. an Sa und So 2 Min. später an, auch 26. Dez., 14., 17. Apr.
(6) bis 21. Mai und ab 11. Nov. an Sa und So 4 Min. später an, auch 26. Dez., 14., 17. Apr.

Eisenbahn-Bau- und
Betriebsgesellschaft
Pressnitztalbahn mbH
Am Bahnhof 78
09477 Jöhstadt

Kundenbüro Putbus:
Bahnhofstraße 14
18581 Putbus

Servicerufnummer:
0180-1773771
(3,9 ct pro Minute aus dem deutschen Festnetz
max. 42 ct pro Minute aus dem Mobilfunknetz)

www.bergen-lauterbach.com

Tarife (Auszug) Stand: 01.02.2017	Einzelfahrkarte	Einzelfahrkarte ermäßigt	Zehner-Karten	Zehner-Karten ermäßigt	Wochenkarten	Wochenkarten ermäßigt	Monatskarten	Monatskarten ermäßigt
Bergen auf Rügen – Putbus	2,80 €	1,40 €	21,00 €	10,50 €	21,70 €	16,90 €	56,90 €	53,50 €
Bergen auf Rügen – Lauterbach Mole	3,90 €	1,95 €	29,25 €	14,65 €	24,00 €	19,40 €	71,40 €	62,20 €
Fahrradkarte pauschal	2,50 €							

Fahrkarten erhalten Sie am Schalter im Bahnhof Putbus oder direkt im Zug !

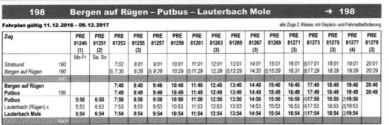

DB ベルゲン駅

プレスニッツタール鉄道
ベルゲン駅

　10:50 プットブス駅を出発すると 3 線軌条区間に入る合流ポイントが前方に現れ、運転士が「写真を撮れと」室内に手招きしてくれ、肩越しに撮影した。　プットブスに戻る列車は、なんとポイントの切り替え装置が無くても、3線軌条から狭軌路線に入る時には車輪がレール内側のガイドに沿って狭軌路線に案内する仕組みだそうだ。　約 4 分で 10:54 ラウターバッハ・モーレ駅に到着。　ヨットハーバーのあるリゾート地、夏の休暇には賑やかになるようだ。　11:22 発リュウゲン軽便鉄道の蒸機、荒くれ者ローラント"Rasender Roland"を待つことにしよう。

プットブス(Putbus)駅

プットブス駅舎の売店

プットブス駅の機関庫で給水し、機廻しの後、後向きでゲーレンに向けて出発となる

踏切
左の建屋は機関庫
カフェで休憩
機関庫
プットブス駅出発
（運転室から）
プットブス駅に戻り（踏切で撮影）

ラウターバッハ・
モーレ駅

251 901-5

車内の掲示板

機廻し線が無いので後押しのディーゼルを連れて到着、
今度はディーゼルが先頭でプットブスに戻る

ラウターバッハ・モーレ駅とヨットハーバー

PutbusからGöhrenへ リューゲン狭軌鉄道の 99 型蒸機は走る

ラウターバッハ・モーレから 11:29 プットブスに到着した列車は、先頭のディーゼル機関車を切り離し、最後尾の蒸機は機関庫に移動し給水を行い、機廻しで列車の先頭に連結する。 プットブスからゲーレン行きは後向きスタイルで 12:08 出発となる。 蒸機は 99 型 1782-4 号機、牽引車両は客車 3 両＋オープンデッキ車＋客車 3 両＋自転車専用貨車の計 8 両編成である。

プットブスを出発すると直ぐに広々とした牧草地、ボイホー(Beuchow)停留所にさしかかるがリクエストストップなので停車はしない。 停留所にはベンチがあり自転車を立てかけている。 周囲は 360 度のパノラマ牧草地と農家が数件あるので寂しくない。 そうだ、明日は撮り鉄の予定なのでプットブスから自転車で走り、ここで蒸機を撮影することにしよう。 列車はボイホー村を過ぎると太い樹木に囲まれた街道のような道路に沿って走るが、車との競争である。 道路を横切る踏切を通るとポセヴァルト(Posewald)停留所だがここも通過する。 道路から離れ、雑木林を抜けると、またまた広大な牧草地、牛が蒸機に慣れているのか振り向かずに、うつむいて食事に夢中である。

A ボイホー(Beuchow)停留所

B

C 機関士も水の補給が必要だ

プットブス駅舎

プットブス駅で機廻しを行い、
後ろ向きスタイルとなる

12:08 **プットブス駅発**
ゲーレン行きの蒸機 99 型 1782-4 号機

Rügensche Bäder Bahn.

99 1782-4

K 57

970-765

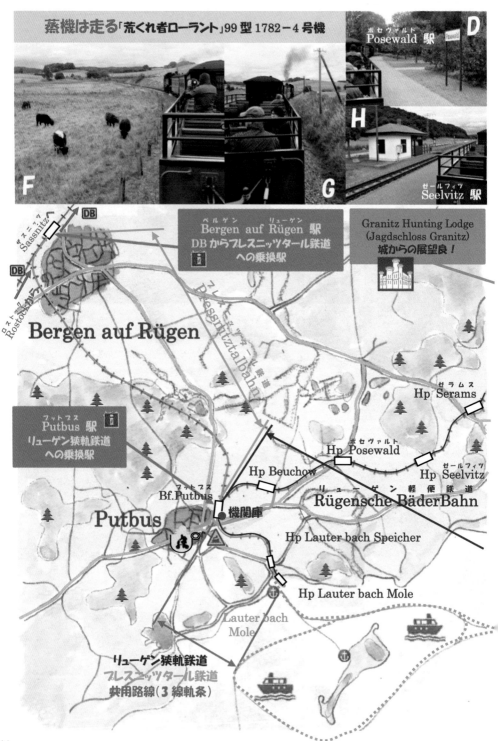

蒸機は走る「荒くれ者ローラント」99型1782-4号機

ポセヴァルト
Posewald 駅

D

H

ゼールフィツ
Seelvitz 駅

F

G

ザスニッツ
Sassnitz

DB

DB

ロストック方向
Rostock方向

Bergen auf Rügen

プレスニッツタール鉄道
Pressnitztalbahn

ベルゲン　リューゲン
Bergen auf Rügen 駅
DB からプレスニッツタール鉄道
ⓘ　への乗換駅

Granitz Hunting Lodge
(Jagdschloss Granitz)
城からの展望良！

ゼラムス
Hp Serams

プットブス　　　ⓘ
Putbus 駅
リューゲン狭軌鉄道
への乗換駅

ポセヴァルト
Hp Posewald

Hp Beuchow

ゼールフィツ
Hp Seelvitz

プットブス
Bf.Putbus

機関庫

リューゲン軽便鉄道
Rügensche BäderBahn

Putbus

Hp Lauter bach Speicher

Hp Lauter bach Mole

Lauter bach
Mole

リューゲン狭軌鉄道
プレスニッツタール鉄道
狭用路線（3 線軌条）

44

牧草地が続き、ゼールフィツ(Seelvitz)駅、ゼラムス(Serams) 駅
を通過。リクエストストップなので事前に車掌に伝えておかないと
止まらないのだ。
「荒くれ者ローラント」蒸機には温かい話が伝わっている。 リュー
ゲンを訪れた観光客に連れられてきたメスのダックスフントに、恋
をしたゼールフィツ駅のセントバーナード犬のお話。 そのダック
スフントが乗車したとき、よくその大きなセントバーナードも一緒に
乗り込んだ。 そうでないときは力尽きるまで列車を追いかけて走
ったそうだ。 この駅の周囲は牧草地なので路線沿いの見晴らし
はすこぶる良く、追いかけるにはもってこいの場所でセントバーナ

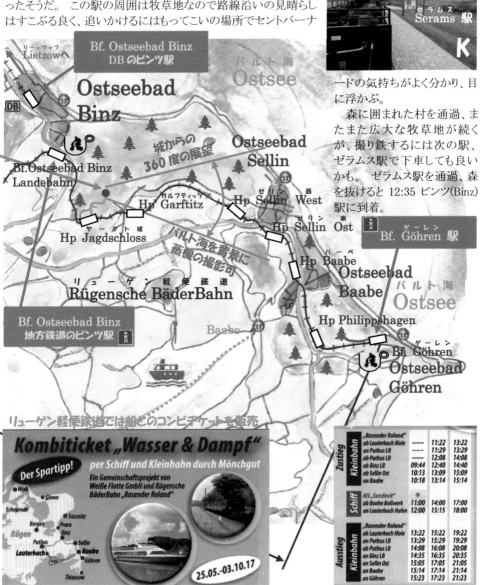

ードの気持ちがよく分かり、目
に浮かぶ。
　森に囲まれた村を通過、ま
たまた広大な牧草地が続く
が、撮り鉄するには次の駅、
ゼラムス駅で下車しても良い
かも。 ゼラムス駅を通過、森
を抜けると 12:35 ビンツ(Binz)
駅に到着。

		„Rasender Roland"			
Zustieg	Kleinbahn	ab Lauterbach Mole	———	11:22	13:22
		ab Putbus LB	———	11:29	13:29
		ab Putbus LB	———	12:08	14:08
		ab Binz LB	09:44	12:40	14:40
		ab Sellin Ost	10:13	13:09	15:09
		an Baabe	10:18	13:14	15:14
	Schiff	MS „Sundevit"			
		ab Baabe Bollwerk	11:00	14:00	17:00
		an Lauterbach Hafen	12:00	15:15	18:00
Ausstieg	Kleinbahn	„Rasender Roland"			
		ab Lauterbach Mole	13:22	15:22	19:22
		ab Putbus LB	13:29	15:29	19:29
		ab Putbus LB	14:08	16:08	20:08
		ab Binz LB	14:35	16:35	20:35
		an Sellin Ost	15:05	17:05	21:05
		an Baabe	15:14	17:14	21:14
		an Göhren	15:23	17:23	21:23

ドイツ屈指のリゾート地リューゲン島の中でもビーチリゾートとして人気のビンツの町、地方鉄道（リューゲン狭軌鉄道）のオストゼーバート・ビンツ駅(Ostseebad Binz Landebahn)に 12:35 到着。駅名はバルト海の温泉保養地という意味。ここではゲーレン行きの列車に乗車する客が多くて満

プットブス行き列車が、ビンツ(Binz)駅に到着

自転車専用貨車

列車交換機関士は点検後、相棒に挨拶

席となる。 というのも、DB ドイツ鉄道のオストデーバート・ビンツ(Ostseebad Binz)駅が約 2 km離れたところにあるので、ここで乗車するほとんどの客は DB ドイツ鉄道の IC、ICE、RE 普通列車で直接ビンツを訪れたようだ。 二つの駅があるので間違わない様にと、リューゲン狭軌鉄道の駅名表示にはビンツの後に地方鉄道(Landebahn)を付けて区別している。

　プットブスからの列車はこのビンツ駅で狩猟城のある森から傾斜を下ってくるゲーレンからの列車を待たなければならない。 約 5 分停車し列車交換の後 12:40 出発となり、蒸機は煙とドラフト音を響かせながら森の中に入っていく。

　ビンツの駅舎には案内所 ℹ️ 、売店、オープンデッキのあるレストラン"Rasender Roland"があり列車を 1 本送らせて休憩したい。 駅前からベーダー・バーン(Bäder Bahn)というバスが運行され街中や DB ビンツ駅へ行くのに便利である。

ビンツ駅到着

ゲーレン行きは満席となる

ビンツ
Binz駅

R·B8

BINZ
www.ostseebad-binz.de

ÖFFNUNGSZEITEN
Montag bis Freitag: 9,00 Uhr bis 18,00 Uhr
Samstag und Sonntag: 9,00 Uhr bis 13,00 Uhr

INFORMATION
information

BIBLIOTHEK
library

MUSEUM
museum

Restaurant
Rasender Roland

プットブス行き列車

99 1782-4

出発を待つゲーレン行き列車

Binz駅から森の中へ、「荒くれ者ローラント」は緑のトンネルを走る

　ビンツ駅では列車交換の後、12:40出発すると直ぐに森の中に突入、緑のトンネルが続く。　森の香りと煙の匂いが混ざり合い、ここリューゲンだけしか味わえない緑の風とスローな蒸機のドラフト音が心地良い。　ヤークトシュロス(Jagdschloß)、ガルフティッツ(Garftitz)、ゼリン西(Sellin West)の3駅を通過(リクエストストップなので事前に車掌に伝えれば停車)する。　途中のヤークトシュロス駅には駅名にもなっている狩猟城があるので訪れたい(徒歩約1km、約20分)。

グラニッツ(Granitz)の森林地区にある 107m の山にこの神殿がある。 プットブスの領主が 1846年に狩猟城を建て、今日では修復され博物館となっている。 プットブスの侯爵 Wilhelm Malte は1896 年、大きなカーブを描きながら狩猟城そばを通過する、狭軌鉄道の延長計画を押し通したようである。 城と同じ名前の停留所が森の中の敷地、下の方にあるのがヤークトシュロス駅である。

1 ビンツ駅を出ると、森の中に突入

3 間もなくガルフティッツ駅

6 森の中に自転車道

5 ゼリン西 Sellin West 駅

4 ガルフティッツ Garftitz 駅

"荒くれ者ローラント" 蒸機 Sellin Ost (ゼリン 東) 駅に到着

　"荒くれ者ローラント"蒸機は森の勾配区間を駆け上り、ゼリン東(Sellin Ost)駅に 13:05 到着。ゲーレンからの列車が待機していて列車交換となる。　4分間の停車、13:09 ゲーレンに向けて出発する。　この駅で乗客の乗り降りが多い。何かあるぞ・・・。　どうやらそれはウオーターパーク、屋内スイミングプール総合娯楽施設、"AHOI Rügen Bad & Eriebniswelt"。家族で楽しめる。　荒くれ者ローラント蒸機が走るこの沿線でビーチを有するのは、ビンツ、ゲーレンと並びここゼリン東なので夏の休暇期間は海水浴場目当ての観光客が多いことだろう。

　ところで、"荒くれ者ローラント"のあだ名はどこから来たのだろうか。
「ローラント」はカール大帝に仕えた勇敢な騎士、伝説に登場する英雄であり、その功績から人々に愛され続けている。　音楽隊でよく知れたブレーメンのローラント像は"ブレーメンの自由と 独立の象徴"として市民に見守られ続けている。　こちらリューゲン島では、その愛称をもらった"蒸機ローラント"の走るリューゲン狭軌鉄道は、廃線の危機を乗り越え、地元住民に守られ今に至っている。　蒸機は 60 年から 100 年もの年月を生きてきた兵である。　東独時代に狭軌鉄道は地域の重要な輸送機関として、役割を担ってきたからこそ今日まで生き残ることができた。　さらに当時は煙の出ないディーゼル機関車へ置き換えする資金も製造技術もなかった。　それは幸運だったとリューゲンの住民や以外の人々も口をそろえて言う。
「荒くれ者」は、言葉よりどちらかというと心地良い速度に関係すると言われている。　確かに最高速度 30 km/h のスロースピードで島の牧草地や草原、森を走る蒸機列車の旅は心地良い。

Sellin Ost (ゼリン 東) 駅

Sellin Ost 駅では列車交換

www.ahoi-ruegen.com/

間もなくSellin Ost 駅に到着

終着駅 Göhren に到着 荒くれ者ローラントお疲れ様

13:23 終着駅ゲーレンに到着、ラウターバッハ・モーレを出発して約 2 時間で約 25 km、スローな蒸機の旅もおしまい。 99 型4011-5 号機は機廻しを行い、給脂と点検、給水作業を行う。 折り返しは 13:53 発のビンツ行きとなる。 ここゲーレンは港や海水浴場のあるリゾート地、海の近くだけど駅からは見えない。 折り返し出発まで約 30 分、駅舎レストラン前の売店で、定番の焼きソーセージをパンで挟んだブラートヴルスト(Bratwurst)をかぶりつき、売店で土産物探し、駅撮りとすぐに時間が過ぎてしまった。町の散歩とバルト海の海を見たかったが次回のお楽しみとしよう。

終着駅 Göhren に到着

53

Putbus駅の夜更けと機関庫の朝
プットブス

　今日の宿は駅前の Bahnhofstraß を歩き約 15 分の、"Hotel du Nord"という洒落た上品な白いホテルである。というのも機関庫の夜と朝を撮りたかったから。　21:06 プットブス最終着の列車が到着、9 月のこの季節の夜は寒いが蒸機の傍は温かい。　客車をホームに残し機関庫に向かう蒸機は、仕事をやり終えたぞって感じである。　99 型 4011-1 号機にお疲れ様。　機関庫には 99 型 4801-9、1782-4、1781-8 と最終便の 4011-1 の計 4 基が仲良く眠りにつく。　さあ、私も宿に戻ろう。

　朝、6:00 に宿から暗い道を歩き、駅の手前の踏切を渡ると機関庫の入り口がある。　勇気を出して中に入り、出発準備中の 99 型 1782-4 を遠巻きに撮影していると、機関庫のスタッフが車庫の内部を撮影しても良いよと言ってくれた。　99 型 4011-5、1781-6 と L 型ディーゼル機関車の奥には 4802-7 の 3 基はまだ眠りから覚めていない。　4011-5 も屋外に移動し、給油を始めた。　車庫の隣の建物ではテンダー式の 99 型 4652 号機が整備中、何時走るのか楽しみだ。　昨日から動かないで屋外に駐機している 99 型 4801-9 の出番は何時なのだろうか。

出発準備

整備中 99 型 4652　出発準備中の 99 型 1782-4 号機

朝の機関庫内部

Putbus

プットブス
Putbus駅の夜更け

仕事を終え点検中

真夜中の車庫

仕事を終え給炭中

21:06 プットブス駅　最終の列車が到着

55

Putbus駅近くの踏切とBeuchow停留所の牧草地　撮影ポイント

プットブス駅からドイツ鉄ちゃん人気のポイントがある踏切を渡り、機関庫の入り口の前を通り、ロンヴィッツ(Lonvitz)村に徒歩約20分、左折し左の道は牧草地からの撮影ポイントA、右の道はボイホー停留所の撮影ポイントBに約10分で着く。　停留所にはベンチがあり、列車が来るまでの待ち時間に休憩するにはもってこいの場所となる。　周囲は牧草地、静かな癒される空間、踏切の傍には農家が数件ある。　遠くから汽笛が聞こえる。　来たぞ、この瞬間が堪らない。

撮影ポイントCの踏切横にはガソリンスタンドのカフェ、スーパーマーケット(Netto)があり、列車の待ち時間にカフェタイムと買い物と都合が良い。　機関庫の入り口があるので勇気を出して入り蒸機の給炭、給水、給脂点検の撮影をしよう。　職員がいたら必ず手を挙げて挨拶し、写真を撮っても良いか確認しよう。　今日のホテルはプットブス駅から徒歩約10分の"Hotel du Nord"、案内所が隣にあり便利、少し歩くとマルクト広場と市庁舎がある。　広いプットブス公園があり、プットブス駅でもらったパンフレットには散歩道が紹介されているので、是非散歩ウオーキングも楽しみたい。

ゲーレン行き　Beuchow 停留所を通過

Beuchow

B

ラウターバッハ・モーレ行き

機関庫横の踏切を通過

C

踏切横のガソリンスタンドにカフェがある

踏切から撮影した切り替え装置の
無い奇妙なポイントは
ドイツ鉄ちゃんに人気

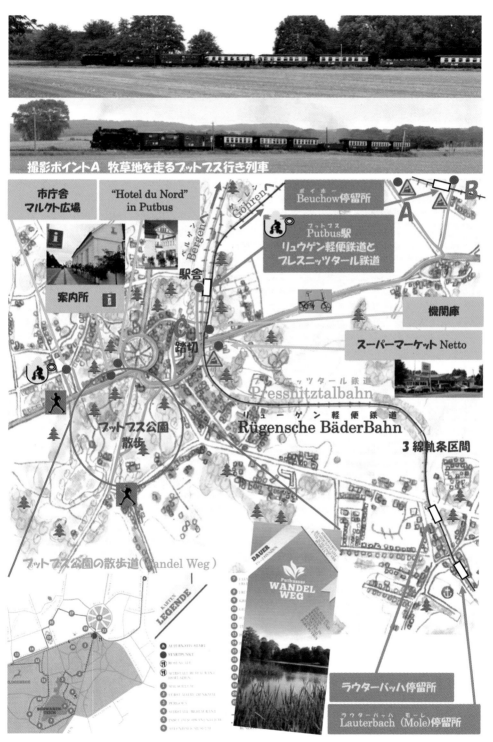

撮影ポイントA　牧草地を走るプットブス行き列車

市庁舎
マルクト広場

"Hotel du Nord"
in Putbus

案内所

Göhren

Bergen

ボイホー
Beuchow停留所

A

B

プットブス
Putbus駅
リュウゲン軽便鉄道と
プレスニッツタール鉄道

駅舎

踏切

機関庫

スーパーマーケット Netto

プレスニッツタール鉄道
Pressnitztalbahn

プットブス公園
散歩

リューゲン軽便鉄道
Rügensche BäderBahn

3線軌条区間

プットブス公園の散歩道（Wandel Weg）

KARTEN
LEGENDE

DAUER

Putbusser
WANDEL
WEG

ラウターバッハ停留所

ラウターバッハ　モーレ
Lauterbach（Mole）停留所

　ヴタハタール鉄道はドイツのバーデン・ヴュルテンベルク州の最南部とスイスとの国境近くを走り、路線は豚のしっぽのようにクルクルとループを繰り返すので、愛称「豚のしっぽ」と呼ばれる保存鉄道である。

　ドナウ川の源泉はシュヴァルツヴァルトの高原（黒い森）に位置するドナウエッシンゲン(Donaueschingen)にあり、湧き出た水はドイツ、オーストリア、ハンガリーを経てヨーロッパ大陸を横断し黒海に注がれる、全長 2840 kmの大河である。

　このドナウエッシンゲンから南へ約 13 kmの所にブルームベルク(Blumberg) という小さな町がある。　ドナウ川に流れ込む支流が流れ、町の外れにある始発駅ブルームベルク・ツォルハウス(Blumberg Zollhaus)から軍事路線として建設されただけあって、単線だが将来の複線化を想定した路線と強度が十分に設計された芸術的なアーチ型鉄骨橋梁、鋼トレッスル橋梁や連続 4 回ものループ線を繰り返す。　吃驚したのはループ線の中に複線に対応できるループトンネルだ。峠を越えスイスとの国境に沿って走り、ライン川流域に向かって走る。

　1977 年にヴァイツェンとブルームベルク・ツォルハウス間に保存鉄道の運行が開始された。1988 年に路線が国の産業遺産に指定、今では変化に富んだループ曲線を描くルートを走ることで人気の SL 保存鉄道となったそうだ。　ヴァイツェン(Weizen)駅までの約 25.6 kmが保存鉄道として残り、現在は観光用の蒸機を走らせている。

　何故、このような所に豚のしっぽ路線を敷設しなければならなかったのか不思議である。　その理由を歴史から紐解いて見よう。

　1887 年から 1890 年の間にバーデン大公国邦有鉄道(Großherzoglich Badische Staatsbahn)は、軍事戦略の理由でインメンディンゲン(Immendingen)からブルームベルク(Blumberg)と、ラウフリンゲン(Lauchringen)からヴァイツェン(Weizen)まで迂回路線を造った。　フランスと戦争になった場合に、スイスの国境を越えることなく、できるだけ速くアルザスへ兵器を運びたいと考えたのである。　長さ約25kmの路線は重い軍用車両を想定して設計され、最大勾配は1%（＝10 パーミル）を超えないものとされた。　鉄道は部分的にヴータッハ川の谷に敷かれたので、公式にはヴータッハタール鉄道(Wutachtalbahn)と呼ばれたが、多数のループが造られて、くるくる巻いた豚のしっぽを思い出させるため、巷で「豚のしっぽ鉄道(Sauschwänzlebahn)」の名を得た。

　ヴータッハハタール鉄道協会(Verein Wutachtalbahn e.V.)は、1890 年当時と変わらないヴータッハタール鉄道上で、蒸気機関車 58 形、86 形、93 形と客車を使って保存運行を実施している。列車はその旅で 4 本の高架橋と、列車が高度を稼ぐために設けられた 360 度のシュトックハルデループトンネル(Stockhalde-Kreiskehrtunnel) を含む 6 本のトンネルを通過する。

　ブルームベルク＝ツォルハウスからヴァイツェンに至る路線は、すばらしい景観の森であるシュヴァルツヴァルト南部に位置しており、ルート上で列車を追いかけると、よく予想外のできごとに遭う。　というのも、トンネルがループとなっている所が多数あるので、列車が思いがけない方向から来ることがたびたびあるからである。　ブルームベルク＝ツォルハウスからの片道旅行にはおよそ50 分かかる。　終点ヴァイツェンでおよそ 30 分の停車中に、駅のレストランで気分転換をしたり、機関車の機回しと給水を見学する機会がある。

　始発駅ブルームベルク・ツォルハウスまでのアクセスは、ドナウエッシンゲン駅前バス停留所からブルームベルク行き路線バス(7277 系統)に乗車し約 30 分、ツォルハウス駅停留所(Zollhaus Bahnhof)か手前のロータリの交差点ツォルハウス B27(ZollhausB27:27 号線道路)停留所で下車

2019 Fahrplan

Wutachtalbahn

Sauschwänzle BAHN

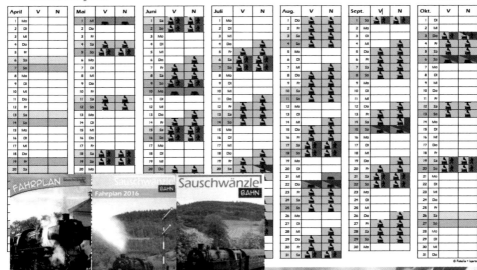

する。 というのも、ツォルハウス駅停留所をショートカットするバスがあるから注意が必要である。 そのまま乗車すればブルームベルクの田舎町、ハウプト通りバス停留所(Hauptstr.)に着く。 この田舎町のホテル"Hotel・GasthofHirschen"に前泊がお勧めである。

Dampfzugfahrt

	Hin- und Rückfahrt	Einfache Fahrt
Erwachsene	24,00 €	18,00 €
Kinder (4 - 15 Jahre)	11,00 €	8,00 €
Familien (2 Erwachsene & bis zu 3 Kinder)	52,00 €	40,00 €
Gruppen Erwachsene (ab 15 Personen jede 15. Karte frei)	20,00 €	15,50 €
Gruppen Kinder (4 - 15 Jahre) (ab 15 Personen jede 15. Karte frei)	10,00 €	7,00 €

Dieselzugfahrt

	Hin- und Rückfahrt	Einfache Fahrt
Erwachsene	22,50 €	16,00 €
Kinder (4 - 15 Jahre)	9,00 €	7,00 €
Familien (2 Erwachsene & bis zu 3 Kinder)	47,00 €	34,00 €
Gruppen Erwachsene (ab 15 Personen jede 15. Karte frei)	18,50 €	14,00 €
Gruppen Kinder (4 - 15 Jahre) (ab 15 Personen jede 15. Karte frei)	8,00 €	6,00 €

Schwarzwälder Wanderzug (Dieselzugfahrt)

	Hin- und Rückfahrt	Einfache Fahrt
Erwachsene	22,50 €	16,00 €
Kinder (4 - 15 Jahre)	9,00 €	7,00 €
Familien (2 Erwachsene & bis zu 3 Kinder)	47,00 €	34,00 €
Gruppen Erwachsene (ab 15 Personen jede 15. Karte frei)	18,50 €	14,00 €
Gruppen Kinder (4 - 15 Jahre) (ab 15 Personen jede 15. Karte frei)	8,00 €	6,00 €

V | Abfahrtszeiten Vormittag Dampfzugfahrt

10:10 Uhr	ab Blumberg-Zollhaus	an	12:32 Uhr
10:20 Uhr	ab Epfenhofen	ab	12:23 Uhr
10:26 Uhr	ab Wutachblick		
10:40 Uhr	ab Fützen	ab	12:08 Uhr
10:51 Uhr	ab Grimmelshofen	ab	11:52 Uhr
11:01 Uhr	ab Lausheim-Blumegg	ab	11:43 Uhr
11:08 Uhr	an Weizen	ab	11:35 Uhr

N | Abfahrtszeiten Nachmittag Dampfzugfahrt

14:10 Uhr	ab Blumberg-Zollhaus	an	16:34 Uhr
14:20 Uhr	ab Epfenhofen	ab	16:23 Uhr
14:26 Uhr	ab Wutachblick		
14:40 Uhr	ab Fützen	ab	16:10 Uhr
14:51 Uhr	ab Grimmelshofen	ab	15:52 Uhr
15:01 Uhr	ab Lausheim-Blumegg	ab	15:43 Uhr
15:08 Uhr	an Weizen	ab	15:35 Uhr

V | Abfahrtszeiten Vormittag Dieselzugfahrt

10:10 Uhr	ab Blumberg-Zollhaus	an	12:38 Uhr
10:19 Uhr	ab Epfenhofen	ab	12:28 Uhr
10:26 Uhr	ab Wutachblick	ab	12:18 Uhr*
10:40 Uhr	ab Fützen	ab	12:10 Uhr
10:50 Uhr	ab Grimmelshofen	ab	11:53 Uhr
11:00 Uhr	ab Lausheim-Blumegg	ab	11:43 Uhr
11:07 Uhr	an Weizen	ab	11:35 Uhr

N | Abfahrtszeiten Nachmittag Dieselzugfahrt

14:10 Uhr	ab Blumberg-Zollhaus	an	16:38 Uhr
14:19 Uhr	ab Epfenhofen	ab	16:28 Uhr
14:26 Uhr	ab Wutachblick	ab	16:18 Uhr*
14:40 Uhr	ab Fützen	ab	16:10 Uhr
14:50 Uhr	ab Grimmelshofen	ab	15:53 Uhr
15:00 Uhr	ab Lausheim-Blumegg	ab	15:43 Uhr
15:07 Uhr	an Weizen	ab	15:35 Uhr

*Bedarfshalt (Haltewunsch über Zugführer)

V | Abfahrtszeiten Vormittag Dieselzugfahrt

12:45 Uhr	ab Blumberg-Zollhaus	an	15:11 Uhr
12:54 Uhr	ab Epfenhofen	ab	15:01 Uhr
13:01 Uhr	ab Wutachblick	ab	14:52 Uhr*
13:15 Uhr	ab Fützen	ab	14:44 Uhr
13:25 Uhr	ab Grimmelshofen	ab	14:27 Uhr
13:35 Uhr	ab Lausheim-Blumegg	ab	14:18 Uhr
13:41 Uhr	an Weizen	ab	14:10 Uhr

N | Abfahrtszeiten Nachmittag Dieselzugfahrt

15:40 Uhr	ab Blumberg-Zollhaus	an	17:45 Uhr
15:49 Uhr	ab Epfenhofen	ab	17:35 Uhr
15:56 Uhr	ab Wutachblick	ab	17:28 Uhr*
16:06 Uhr	ab Fützen	ab	17:20 Uhr
16:15 Uhr	ab Grimmelshofen	ab	17:06 Uhr
16:25 Uhr	ab Lausheim-Blumegg	ab	16:58 Uhr
16:30 Uhr	an Weizen	ab	16:50 Uhr

*Bedarfshalt (Haltewunsch über Zugführer)

ドナウエッシンゲン（Donaueschingen）
駅前バス停留所掲示板

14.59 S	`7277`	Hüfingen Bahnhof 15.04 **Blumberg Hauptstraße**
15.00 F	`7277`	Hüfingen Bahnhof 15.05 **Blumberg Schulzentrum**
15.38 S	`7277`	Donauesch. Fürstenberg
15.55 S	`7277`	Hüfingen Bahnhof 16.00 Behla Rathaus 16.08 Fürstenberg Rathaus 16.23 **Blumberg Schulzentrum**
15.55 S	`7277`	Hüfingen Bahnhof 15.59 Hausen vor Wald Adler 16.05 Mundelfingen 16.10 Wutach Wanderparkplatz 16.15 **Blumberg Schulzentrum** 16.41
15.55 F	`7277`	Hüfingen Bahnhof 16.00 **Blumberg Schulzentrum** 16.20
16.25 S	`7277`	Hüfingen Bahnhof 16.30 Sumpfohren 16.46 Fürstenberg Rathaus 16.56 **Blumberg Schulzentrum** 17.10
16.25 F	`7277`	Hüfingen Bahnhof 16.30 **Blumberg Schulzentrum** 16.50
16.48 85	`7277`	Hüfingen Bahnhof 16.53 **Blumberg Hauptstraße** 17.14

Busbahnhof

A 3

7277 Hüfingen -
Blumberg

ドナウエッシンゲン
駅前バス停留所

路線バス（7277 系統）

ブルームベルク
・ツォルハウス
豚の駅長さん

ブルームベルク・ツォルハウス駅
(Blumberg Zollhaus)

保存鉄道の始発駅ブルームベルク・ツォルハウスへのアクセスは、ウルム中央駅(Ulm Hbf)から DB 鉄道で約 2 時間 20 分、ドナウエッシンゲン(Donaueschingen)駅でバスに乗り換え、保存鉄道の始発駅ブルームベルク・ツォルハウスに入るのが一般的だが、ドリッター・リングツークの列車(Derzer Ring Zug)、743 系統ディーゼルカーがインメンディンゲン(Immendingen)駅からブルームベルク・ツォルハウス駅に約 25 分でやってくる。 この駅はウルムからドナウエッシンゲンへの DB 路線の途中駅である。 保存鉄道の運行当日に入る場合、本数が少ないが直接連絡しているので都合が良いかも知れないが、本数が少ないので注意が必要である。

　この 2 両編成の列車はブルームベルク・ツォルハウスとロートヴァイル(Rottweil)間を運行しているのだが、民営化された私鉄のようである。

インメンディンゲン(Immendingen)

路線沿いを徒歩・自転車・バスで <ruby>Blumberg-Zollhaus<rt>ブルームベルクーツォルハウス</rt></ruby>から<ruby>Fützen<rt>フュツェン</rt></ruby>

　豚のしっぽ鉄道に2度訪れているが、今回は雨となり天候に恵まれなかった。　しかし、ブルームベルク(Blumberg)の田舎町、ハウプト通りバス停留所(Hauptstr.)から直ぐ近くのホテル"Hotel Gasthof Hirschen"に連泊。　一日目はヴタハタール鉄道SLに往復乗車、二日目は朝早く目の前のハウプト通りバス停留所から路線バス(7338 系統)に乗車し、フュツェン・オルツミッテ(Fützen Ortsmitte)停留所で下車。　少し歩くとフュツェン駅、隣の少し先には蒸機の車庫があり、朝早く出かけるとSLの運転準備作業が見られる。　路線バス・徒歩・自転車を駆使し、トラス橋梁や長閑な田舎を走るループ路線は見ごたえがあり、雨でもへっちゃらと、結構楽しんだ二日間であった。

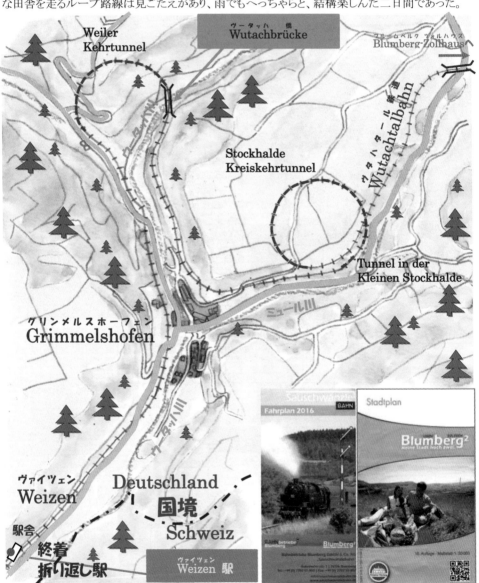

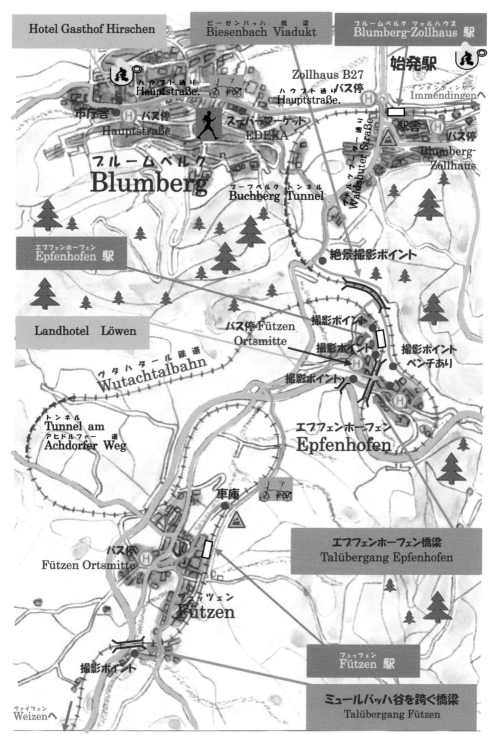

Hotel Gasthof Hirschen

ビーゼンバッハ 橋梁
Biesenbach Viadukt

ブルームベルク ツォルハウス
Blumberg-Zollhaus 駅

始発駅

Zollhaus B27

ハウプト通り
Hauptstraße.

ハウプト通り バス停
Hauptstraße.

インメンディンゲンへ
Immendingenへ

市庁舎　バス停
Hauptstraße

駅舎

ヴァルツフター通り
Waldshuter Straße

スーパーマーケット
EDEKA

Blumberg-
Zollhaus

ブルームベルク
Blumberg

ブーフベルク トンネル
Buchberg Tunnel

エプフェンホーフェン
Epfenhofen 駅

絶景撮影ポイント

Landhotel　Löwen

撮影ポイント

バス停 Fützen
Ortsmitte

撮影ポイント

撮影ポイント
ベンチあり

ウタハタール鉄道
Wutachtalbahn

撮影ポイント

エプフェンホーフェン
Epfenhofen

トンネル
Tunnel am
アヒドルファー 道
Achdorfer Weg

車庫

バス停
Fützen Ortsmitte

エプフェンホーフェン橋梁
Talübergang Epfenhofen

フュッツェン
Fützen

フュッツェン
Fützen 駅

撮影ポイント

ミュールバッハ谷を跨ぐ橋梁
Talübergang Fützen

ヴァイツェンへ
Weizenへ

63

Blumberg-Zollhaus駅 出発・到着時には駅舎 横の博物館と客車を活用した売店を訪れること必修

ブルームベルク ツォルハウス

　ブルームベルク・ツォルハウス駅の駅舎にはチケット売り場と案内所があり、運行日にオープン。 1往復/日の時は10:30〜14:10、2往復/日の時は8:30〜10:10、11:00〜14:10とドイツらしいきめ細かな時間設定となっている。 駅舎横の倉庫は鉄道の歴史資料を大切に保存展示している博物館があり、列車の出発と到着時には見学ができる。

　特に興味を抱いたのは、この鉄道の全路線を再現したジオラマである。 橋梁、トンネル、駅舎、ループ線路等この地域の地形が手に取るように理解できるのだ。 博物館の横にはノスタルジックな客車が置かれ、内部を売店に改装し鉄道関連グッズや鉄道本・地図が揃っている。

ブルームベルク・ツォルハウス駅

旧信号所がホームの奥にあるので、階段を上り見学できる。2階の窓からはブルームベルク・ツォルハウス駅全景が見渡せる絶好の撮影ポイントである。この信号所下のプラットホームには時折だが保存鉄道の出発に合わせて連絡しているドリッター・リングツークの列車、ディーゼルカーがインメンディンゲン(Immendingen)駅からやってくる。

駅の信号所、博物館、客車の売店

保存されている駅長室

駅の信号所

ドリッター・リングツークの列車が到着

Blumberg-Zollhaus 駅　間もなく出発！
ブルームベルク ツォルハウス
蒸機を先頭に連結、ヴァイツェン(Weizen)行きは後向きスタイル

　出発時刻が迫ると乗客が集まってくる。　今日の牽引蒸機は 93 型 1360 号機、1927 年 St.EG－Landesbefugte Maschinenfabrik 製造、783PS、最高速度 60 km/h、自重 66t。　当初はオーストリア・ハンガリー国鉄で使用され、90 歳の今でも現役である。　1997～2016 の間はヴタハタール鉄道 (WTB－Wutachtalbahn e.V., Blumberg-Fützen)に籍を置き、ブルームベルク・ツォルハウスとヴァイツェン間を保存鉄道として働いたが、今では個人保有となっているので再会できるかどうか・・・。
　客車の売店でヴタハタール鉄道(Museums Bahn Wutachtal)の虎の巻本を購入、優れものでこの路線を 100% 網羅している。　さあ、駅舎のチケット売り場に行こう。　10:05 発の往復チケットを購入したが、なんと指定席(Wagen:4,Platz:5)にしてくれていた。　チケットカウンターの女性からドイツ語でいろいろ聞かれ OK の連発をしたが、どうやら指定席にするかどうかの会話だったようだ。

博物館、客車を改装した売店、出発を待つ列車

客車を改装した売店

ドリッター・リング
のディーゼルカー
からの乗客

赤いネッカチーフを首に巻いた機関士はお洒落

WTB

93 1360

67

　ブルームベルク・ツォルハウス駅を出発すると路線は左へと大きくカーブを描き、そのままブーフ
ベルクトンネル(Buchberg Tunnel)に突入。トンネルから出るとそこは別世界、広々とした緑豊かなミ
ュールバッハ(Mühlbach)の盆地、すぐに丘の斜面に架けられた魚腹トラス橋のビーゼンバッハ橋梁
(Biesenbach Viadukt)を渡ることになるが、景色に目を奪われていると橋梁の写真を撮り損ねる。
　路線はエプフェンホーフェン(Epfenhofen)村を取り囲むように 180°のループとなるが、今から渡
るエプフェンホーフェン橋梁が眼下に現れ、絶景である。　村に架けられた鋼トレッスル橋梁を渡る
と、エプフェンホーフェン駅に停車する。　またまた吃驚、先程渡ったビーゼンバッハ橋梁が前方に
見えるではないか。　ループで 180°回ったことを実感できる。　駅を出発すると、しばらくはなだら

エプフェンホーフェン
橋梁(復路)

B

眼下にエプフェンホーフェン橋梁

D

C

エプフェンホーフェン橋梁から、眼下にエプフェンホーフェンの村

かな丘の中腹を次のループに向かって走るのだが、車窓からは今走ってきた路線と橋梁が一望できるつかの間のひと時を味わえる。　間もなくトンネル、ループしながらトンネルを出ると、ヴータッハブリック駅(Wutachblick)、またまたループを回るとフュッツェン(Fützen)駅。　駅には機関庫と保守基地があり、ブルームベルクからバス(7338系統)で朝早く出かけると給炭・給水の作業が見られる。

E

EPFENHOFEN

655m ü.M

エプフェンホーフェン駅
後方はビーゼンバッハ橋梁

F

遠景にエプフェンホーフェン橋梁(車窓から)

G

遠景にビーゼンバッハ橋梁(車窓から)

A

ビーゼンバッハ
橋梁(復路)

Fützen 駅での出会いとWeizen 駅に到着

　フュッツェン駅(復路)で子供たちが乗り込んできたぞ。どうやら遠足に行くようだ。 名物駅長さんを追いかけて見たが、背筋を伸ばし風格のある服装はなかなかのものである。
　駅長さんの見送りを受けながらヴァイツェン駅を目指して出発、直ぐにミュールバッハ谷を跨ぐ橋梁(Talübergang Fützen)を渡るが、こちらの鉄道では珍しく橋脚が煉瓦造りの魚腹トラス橋なのである。 この後、路線は二つの大きなループの連続、シュトックハルデスパイラルトンネル(Stockhalde Kreiskehrtunnel)はなんと、ほとんどループ360°だ。 次のトンネル(Weiler Kehrtunnel)もほとんどループ。窓を閉める。ぶったまげたとしか言いようがない。 ラウスハイム・ブルーメック(Lausheim Blumegg)駅に停車、ヴータッハ川(Wutach)の谷に沿って下ると間もなく終着のヴァイツェン駅に到着する。 この付近ではヴータッハ川がスイスとの国境線となっていて、軍事上の理由でスイス領を通らずにぎりぎりのところに路線を敷いているのがよく分かる。駅では今から蒸機に乗車する客は自家用車で乗込み駐車場へ、数台のバスがここで降りるツアー客を待ち受けているので混雑している。 この豚のしっぽ鉄道とスイスの観光がセットになった旅行会社のツアーが人気の様だ。

Fützen 駅の機関庫と保守基地を通過

フュッツェン 駅にはバスでもアプローチ可能

Fützen Ortsmitte
7338　Waldshut
Zone 10

見送り&満足　またおいで！　出発合図　こんにちは

Fützen駅での出会い（復路）
フュッツェン名物駅長と遠足の子供達

その車両に乗って！

71

　終着折り返し駅ヴァイツェンでは、機廻し、給水作業、連結と見所はいっぱい。　皆、蒸機の傍を離れようとはしない。　ブルームベルク・ツォルハウス行きの 93 型 1360 号蒸機は前向きスタイルとなる。　最後部で切り離し作業、蒸機は先頭に機廻し、さあ走ろう！給水と連結の撮影だ。　別な日に訪れると、型式 262BB 蒸機が土砂降りの雨の中、雨にも負けず頑張っていた。　蒸機以外で

ヴァイツェン
Weizen　駅
蒸機 93 型 1360

機廻し

ヴァイツェン
Weizen　駅　給水中

ヴァイツェン駅へアプローチするには、ブルームベルクからシュテューリンゲン(Stühlingen)行きの路線バス(7338 系統)がフュッツェンを経由、このヴァイツェン駅の近くの道路(B314)にあるバス停留所(Weizen B314,Stühlingen)を通り、運行している。 バスは路線沿いを走るので、お気に入りの場所で蒸気を待ち受け、撮り鉄するには便利が良い。当然ブルームベルクへの帰りの便もある。

ツアー客はバスに乗り換えスイス観光へ

ヴァイツェン
Weizen 駅
蒸機 262 BB

徒歩と自転車で撮り鉄 編（其の1）

　列車はブルームベルク・ツォルハウス駅を出発すると直ぐにトンネルに入るが出口の真上が峠。ブルームベルクからの道路を左の小道に入るとそこは絶景ポイント。エプフェンホーフェン橋梁とその村、周囲を回るループ線路が一望できる。

　急な斜面を滑りながら下り、雑木林を抜けるとそこは魚腹トラス橋のビーゼンバッハ橋梁である。広々とした斜面に架けられ、美しい。橋脚は将来の複線化を考慮した設計となっている。

　ここから誰にも教えたくない、ベンチ休憩をしながら撮影できるポイントに向かおう。　列車が橋を渡り切ったところの右側に路線沿いに行く登り坂の小道があるのだ。　進むと視野が開け絶景が飛び込んでくる。　エプフェンホーフェン橋梁とその村、ループ路線が一望、ベンチで待っているだけで追いかけなくても蒸機が傍を通過、ループを回る遠景とこれ以上の場所はない。　周囲には麦畑、ベンチ周りには野花がいっぱい、癒される。　この小道を進むと村に降りることができ、もう一つの撮影ポイントがある。

ビーゼンバッハ 橋 梁
Biesenbach Viadukt

エフフェンホーフェン
Epfenhofen 駅

ブルームベルク
Blumberg
ツォルハウスへ
Zollhausへ

フュッツェンへ
Fützenへ

エプフェンホーフェン
Epfenhofen

お勧めの撮影ポイント 1〜5

エプフェンホーフェン橋梁
Talübergang Epfenhofen

峠の絶景撮影ポイント

誰にも教えたくない撮影ポイント 1、橋梁への斜面を上ると 2、ベンチ休憩ができる 3 がお勧め

橋梁の路線に駆け上ると、エブフェンホーフェン駅とエブフェンホーフェン橋梁がまとめて撮れる。 2

路線沿いベンチからは SL がエブフェンホーフェン村のループ路線を走る！

ビーゼンバッハ橋梁

2 3

3

路線沿いベンチからはエブフェンホーフェン橋梁が一望

3

3

75

徒歩と自転車で撮り鉄 編(其の2) エプフェンホーフェン村の橋梁

　エプフェンホーフェン村はループ路線に囲まれた山間の盆地、蒸機がグルグル回り温泉につかっているような感じの小さな村である。　村の広場には案内看板とベンチがあり休憩にはもってこい、見上げると空中を走る芸術的な美しい鋼トレッスルのエプフェンホーフェン橋梁。　この下には週末だとなかなか予約が取れないホテル"Hotel Löwen"があり、そこから夕焼けを背景に鉄橋を渡る蒸機を撮りたいと思い2度訪れたが、まだ叶っていない。　村の広場から橋脚に向かって道を上ると、そこは村の全景と橋梁、ループ路線を走る蒸機をひとまとめに撮影できる誰にも教えたくないポイントである。　道に座り込み、サンドパンの軽食にかぶりつき、蒸機を待とう、遠くで汽笛が聞こえる。

2/5 橋梁を渡る

芸術的な美しい鋼トレッスルのエプフェンホーフェン橋梁　4

5 村の広場　"Hotel Löwen"

広場のベンチ

3/5

1/5 来たぞ！

4

4

5/5 ブルームベルク・ツォルハウス駅に向かう

4

77

Fützen駅の機関庫
2度目の訪問は雨 路線バス（7338系統）

朝早くからホテル"Hotel・Gasthof Hirschen"の目の前にあるハウプト通り(Hauptstraße)バス停留所から7:38発の路線バス(7338系統)に乗車。 このバスはエプフェンホーフェン橋梁の下を潜り、機関庫のあるフュッツェン(Fützen)、蒸機の終着駅ヴァイツェン(Weizen)、その先のシュテューリンゲン(Stühlingen)まで運行している。路線沿いを走るので何かと都合が良い。

フュッツェン村中央バス停のオルトミッテ(Fützen Ortmitte)下車、雨の中を約10分歩くと機関庫のある保守基地に着く。 蒸機型式 BB 262号機が機関庫の中、電灯がついている。

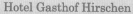
Hotel Gasthof Hirschen

ハウプト通り
バス停留所

ハウプト通りバス停留所

ミュールバッハ谷を跨ぐ橋梁
Talübergang Fützen

フュッツェン村中央、オルトミッテバス停留所

車庫横の石炭ヤード

機関庫から見ると
奥にフュッツェン駅

機関庫のある保守基地

さあ、出陣だ！

蒸機 BB262 は頼もしい

今日の運行を担当する蒸機は型式BB 262 号機。ブルーム
ベルク・ツォルハウス駅が 10:10 始発なので機関庫から単機
回送となり、8:50 煙を残し雨に濡れる菜の花畑に消えた。
　昨日は木曜日なので蒸気の運行は 14:05 発の一本のみ。
エプフェンホーフェンバス停でバスを待っていると単機回送
の蒸機に13:00 遭遇、今から雨の中で仕事なのだ。 私はバ
ス（7338 系統）でブルームベルクのホテルに引き上げた。

昨日、雨のエプフェンホーフェン橋梁

雨の朝、機関庫の全景

　フュッツェンの機関庫撮りの次は芸術的な橋梁の 3 か所、雨だがそれでも良い。 雨に濡れるしっとりと霞む写真を撮ろうと前向きに考えたのだ。 ヴァイツェン行きの列車はフュッツェン駅を出ると右に大きくカーブするとミュールバッハ谷を跨ぐ橋梁(Talübergang Fützen)がある。 煉瓦造りの橋脚が見たくて機関庫から徒歩約 15 分、路線下を潜る石造りのトンネルを抜け、右の細い道に入ると直ぐに表れた。 石造りのトンネルで雨宿りをしながら蒸機を待つ。

　雨なんかへっちゃら、自転車で機関庫に戻り路線沿いの見晴らしの良い小道を走り、エプフェンホーフェン村に約 3.4 km、約 20 分、徒歩だと約 1 時間弱。 駅付近とエプフェンホーフェン橋梁をお気に入りの場所で撮影、次は少し先のビーゼンバッハ橋梁だが雨は止まない。そうだ橋梁の傍に路線下を潜る小さな石造りのトンネルがあるぞ、とまたまた雨宿りである。 雨に濡れるタンポポの花が美しい。 この橋梁の真下からは菜の花畑が広がり、エプフェンホーフェン橋梁が一望であった。 橋脚は複線化を想定した設計で、魚腹トラス橋をもう 1 本架ければすぐに複線化となる。

エプフェンホーフェン橋梁ブルームベルク・ツォルハウス行き

ヴァイツェン行きは後ろ向きスタイル

エプフェンホーフェン村の全景　遠景にエプフェンホーフェン橋梁

菜の花畑の向こうには、ひっそりとたたずむエプフェンホーフェン村

ヴァイツェン
Weizen駅　雨降りの中、出発する蒸機 262 BB

　ドイツでは珍しく土砂降りの雨の中、白煙と蒸気のミキシングサウンドで力強い走りを見せてくれた型式 BB 262 蒸気機関車って、どの様な履歴を持っているのか知りたくなった。 ブルームベルク・ツォルハウス駅の客車を改装した売店で"Museums Bahn Wutachtal"を購入、開くと「BB 62 型　蒸気機関車」の紹介記事があった。 型式は 262 BB テンダー機関車、1954 年カッセルのヘンシェル(Henschel)社製造である。 この蒸機機関車は 4 軸の駆動輪を持ち高レベルの出力性能を有し、ヴタハタール鉄道(Wutachtalbahn)のように山地の勾配区間とカーブを描きながら走る路線には理想的な蒸機である。 もう一つの特徴は炭水車のないコンパクトな仕様だからこそ、転車台のない終着駅では機廻しを行うだけで正逆運転が可能である。 1997 年以降、ドイツ連邦鉄道は蒸機の運行を停止した。 その後は、数少ない蒸機の貴重な一台となり、現在はヴタハタール鉄道に所属し、保存鉄道では主役の看板蒸機である。

ヴァイツェン行き
ミュールバッハ谷を跨ぐ橋梁(Talübergang Fützen)

ビーゼンバッハ橋梁、ブルームベルク・ツォルハウス行き

MUSEUMSBAHN
Wutachtal

　ノスタルジックな客車を蒸気機関車が牽引するシュルフ鉄道(Schluff Eisenbahn)が走るクレーフェルト(Krefeld)の街へ。デュッセルドルフ(Düsseldorf)からアプローチするには 2 通りの案がある。 一つはデュッセルドルフ中央駅(Hbf)から DB 鉄道でデュイスブルク(Duisburg)乗り換え、約 40 分でクレーフェルト中央駅に着く。 もう一つはこちらも、デュッセルドルフ中央駅の地下から U バーン(U76)に乗車し、乗り換えなしでクレーフェルト中央駅前のトラム停留所にこちらも約 40 分で着くので便利が良い。 地下鉄だがデュッセルドルフを出発すると地上路線へ、トラム感覚の乗車を楽しめる。

　クレーフェルトは「ビロードやシルクのような都市」と呼ばれ、18 世紀に繊維産業で繁栄した歴史と伝統ある街として、デュッセルドルフの北西約 25 kmに位置する。 ビロードやシルクは国際的知られた高価な商品となり、皇帝や王侯、領主司教の間ではクレーフェルト製の生地がドレスコードのような存在となった。 当時の作業場と住居が一緒になった小さな職工の家は文化財として保護され、今日なお繊維産業がクレーフェルト市の特徴となっているとドイツ環境局のホームページに紹介されている。

　愛称シュルフ(Schluff)と呼ばれ、クレーフェルトの歴史的な蒸気鉄道であり、ドイツ最古の私有鉄道のひとつでもある。 「シュルフ」という名は、スリッパの方言「シュルフェ(Schluffe)」に由来する。比喩的な意味でシュルフは、疲れ切って足を高く上げずに、スリッパ、つまりシュルフェで床の上を

クレーフェルト中央駅前のトラム停留所

デュッセルドルフから U バーン(U76)も、クレーフェルト市内のトラム路線に乗り入れるので 4 線軌条なのだ

引きずって歩く人のことである。 列車ののんびりした走行速度と蒸気機関車のシューシューとあえぐ音が、シュルフを連想させる。

　クレーフェルト鉄道(Krefelder Eisenbahn)の前身となる会社が早くも 1868 年に設立された。 すでに 1951 年に旅客輸送はされたが、貨物輸送は 1985 年まで続いた。 現在、路線網の中でザンクト・テーニス(St. Tönis)〜ヒュルザー・ベルク(Hülser Berg)間の路線のみが保存されている。 ザンクト・テーニスからジュヒテルン(Süchteln)までと、ヒュルザー・ベルクからメルス(Moers)までの旧ルートは、部分的に遊歩道・自転車道の複合コースとなっている。

　1979 年以来、この路線では観光保存列車が運行されており、最初はディーゼル機関車が、1980 年 5 月からは蒸気機関車「ビスマルク伯爵 15 世(Graf Bismarck XV)」が使われた。 製造元はカッセルのヘンシェル・ウント・ゾーン(Henschel & Sohn)、機関車は D 600 形式に属し、もとはゲルゼンキルヘン(Gelsenkirchen)のビスマルク伯爵鉱山(Zeche Graf Bismarck)で使われていた。 火の粉で土手を火事にし、線路に灰が積もるのを防ぐために、機関車は 1980 年からヒュルザー・ベルクへの森、樹木のトンネルとなる路線で使われるに先立って、石炭焚きから軽油焚きに改造されている。 その後、マイニンゲン蒸気機関車工場(Dampflokwerk Meiningen)で新しい燃焼装置が取り付けられた。 この燃焼装置は、通常のオイル焚き蒸気機関車で用いられるものとは異なり、運転の操作は蒸気ではなく電気制御のため、機関車にはディーゼルエンジン発電機が搭載され、それにより列車内の電源も確保されているようだ。

　5 月から 10 月の間、毎週日曜・祝日には、シュルフで、ザンクト・テーニスからクレーフェルト北駅を経由して、近隣の美しい自然豊かな行楽地ヒュルザー・ベルクに向かう。 サイクリングをする乗客が多く、自転車は小荷物専用の貨車に載せられる。

　シュルフは現在、SWK モービル(注:クレーフェルト市公社の運輸部門を担当する子会社で、市交通局に相当)により保存鉄道として運行されている。

クレーフェルト中央駅(KrefeldHbf)を出て左側にトラム 3 番乗り場がある。 シュルフ鉄道の始発駅へはこの 3 番乗り場のトラム(41 系統)で約 25 分、ザンクト・テーニス(St. Tönis)の町にあるヴィルヘルム広場(Wilhelmplatz)停留所へ着く。 路線は終着停留所なのでループ線になっているのが特徴である。 シュルフの特別運行日(日曜日)はバス(トラムと同じ 41 系統)による運行となるが、停留所はトラムとバスは共用しているので安心だ。

　ちょっと興味を引いたのが、デュッセルドルフから U バーン(U76)がクレーフェルト市内のトラム路線に乗り入れていること。 クレーフェル中央駅停留所では 4 線軌条、駅前の大通りを進むとライン通り(Krefeld Rheinstraße)停留所、ここでは3線軌条が見られる。 因みに、市内トラムの軌間は1000 mm、U バーンは標準軌 1435mm である。 デュッセルドルフ方面の U バーン(U76)乗り場は中央駅を出て右側にある 2 番乗り場、トラムと共用路線なので 4 線軌条である。

クレーフェルト中央駅(KrefeldHbf)

中央駅トラム 3 番乗り場

ヴィルヘルム広場(Wilhelmplatz)停留所

ヴィルヘルム広場　日曜日のトラム 41 系統はバス運行となる

大通り公園から中央駅へ

中央駅前の
大通り公園

中央駅に向かうUバーン(U76)

ライン通り停留所に向かうU76

ザンクト・テーニス
(St. Tönis)の町

軌間 1435 と 1000mmの 4 線軌条
と軌間 1000mm合流ポイント

戻り

ループ
路線へ

ビヤガーデン/レストラン
Gaststätte zum Schluff

Sankt Tönis

教会広場

市庁舎広場

歩行者天国
商店街

ループ合流

Krefelder Str.

自転車屋

アイス店

ガストホーフ宿

パン屋

市庁舎

キオスク

公園

公園

トラム(41 系統) 停留所
Tönisvorst Wilhelmplatz

始発駅

ザンクト・テーニス
St Tönis駅

87

シュルフ鉄道始発駅 ザンクト・テーニス(St. Tönis)駅

誰もいない！

St. Tönis

ザンクト・テーニス(St. Tönis)駅
遠くに蒸機が見えたぞ！

Gaststätte zum Schluff　　やっと到着　　自転車専用貨車

St. Tönis駅傍の公園 心地良い Kiosk で休憩

ビスマルク伯爵 15 世
(Graf Bismarck XV)

機関士の機嫌良！

北駅出発

クレーフェルト北駅

　シュルフ鉄道の始発駅、ザンクト・テーニス(St. Tönis)には保存鉄道の出発 1 時間前の 10:00 に行くと誰もいない。どうやら一番乗りらしい。　駅プラットホームの横にビヤガーデン/レストラン(Gaststätte zum Schluff)があるのだが、日曜日は 12:00〜14:00 と 17:00〜23:00 だそうだ。30 分前になると次から次へと家族連れや自転車族がやってきた。　蒸機の出発時刻は 11:10 だが、なかなかやって来ない。皆もまだかまだかと落ち着かない様子。遠くに煙が見え、後ろ向きで自転車やベビーカー専用の貨車と客車を牽引してホームにゆっくりと入線。　終着駅のヒュルザー・ベルク(Hülser Berg)周辺ではサイクリングが楽しめるようで専用貨車も満車である。　11:10 出発。ヘンシェル・ウント・ゾーン(Henschel & Sohn)社製の蒸機、「ビスマルク伯爵 15 世(Graf Bismarck XV)」は大型貨車 2 両、ノスタルジックな客車 6 両の計 8 両も牽引し頼もしい。　所々に引き込み線があり、工場の脇を通過、左手にトラムの総合車庫があり、シュルフ鉄道からの引き込み線にはディーゼル機関車が駐機中である。　ということは、この蒸機の保守・点検やメンテナンス、軽油燃料の補給等はこの総合車庫内で行っているようである。ト ラム路線と交差する踏切を通過、公園の傍を進むと、駅舎内にちょっと上品なレストランがある駅、クレーフェルト北駅に到着する。　この駅ではプラットホームにオープンデッキ席のレストラン(Nordbahnhof)があり昼のランチがお勧めである。

クレーフェルト　北
Krefeld Nord駅

シュルフ鉄道終着駅　緑に囲まれたヒュルザー・ベルク(Hülser Berg)駅

　クレーフェルト北駅を出発すると路線は、トラムが走るヒュルザー通り(Hülser Str.)に沿って商業地域、工場、住宅地、公園と変化に富んだ区間を進み、急に視野が広がる。　一面のじゃが芋畑やキャベツ畑、キャベツは丁度収穫中のようだ。　右に大きくカーブすると、12:05 終着駅ヒュルザー・ベルク(Hülser Berg)に到着する。　総延長 13.6 km、約 55 分の乗車である。　駅の南側にはヒュルザー・ブルッフ(Hülser Bruch)と呼ばれるクレーフェルト最大の自然保護公園。市民のレクリエーションエリアである。　スポーツ施設やハイキング・サイクリングルートとおまけにビヤガーデンもあり、蒸機「シュルフ」から降りた乗客の多くはどうやら森に向かうようだ。　ここには標高約 63m のヒュルザー山(Hülser Berg)があり、山頂の展望台(高さ 30m)からライン川やルール地方の展望を楽しめる。

Hülser Berg駅に到着

周辺は緑のトンネル

乗客は機廻し連結作業を見てから、自然保護公園
Hülser Bruchへ向かうようだ

90

ヒュルザー ベルク
Hülser Berg駅

終着駅

D

Hülser Berg

Hülser Bruch
Hülser Berg

D ヒュルザー・ベルク駅に到着

C キャベツ畑

Hüls

シュルフ鉄道(Schluff Eisenbahn)

B 住宅地

キャベツ畑
じゃが芋畑
C

ヒュルス
Hüls 駅

撮影ポイント
キヨスク
B

A 踏切

トラム(44系統)停留所
Krefeld Inrath Siedlung

北駅レストラン
Nord Bahnhof

クレーフェルト 北
Krefeld Nord駅

Trip Inn Hotel Krefeld

ザンクト・テーニス
St Tönis駅

始発駅

Sankt Tönis

トラム・
総合車庫

Krefeld

教会広場

トラム(41系統)停留所
Tönisvorst Wilhelmplatz

Duisburg

クレーフェルト 中央
Krefeld Hbf駅

DB

91

路線に並行して気持ち良い散歩道

ヒュルザー ベルク
Hülser Berg駅　お母さんと子供もカメラマン

ヒュルザー・ベルク駅は緑に囲まれた樹木のトンネル内にある

機関室見学

レストラン「Nord Bahnhof」

蒸気は見送りを受けて出発、機関士もご機嫌良

特別運行日の前日（土曜日）にクレーフェルト北駅のレストラン「Nord Bahnhof」でお目当てのランチをしようと出かけると、吃驚なんと蒸機シュルフが居るではないか。 どうやら結婚式の貸し切り列車のようで、着飾った人たちが乗り込み出発。 そうだ！郊外で戻りの列車を待ち伏せしよう。

蒸気「ビスマルク伯爵 15 世（Graf Bismarck XV）」 98 型 8921 号機

ヒュルザー・ブルッフ(Hülser Bruch)駅　緑のトンネル内での機廻し　遠く先からは廃線

貸し切り列車がクレーフェルト北駅を出発し、終着駅ヒュルザー・ブルッフから戻るのを見計らって先回り。路線と並行に走るプロイセンリング(Preußenring)通りを走る。　路地を入り、路線を跨ぎ見つけた撮影ポイントはじゃが芋畑。　徒歩ならトラム(44系統)の停留所 Krefeld Inrath Siedlung がすぐ近くにある。　その傍に小さな可愛い雑貨店のキヨスク、道端にベンチがあり休憩に最適。

ヴェーゼル保存鉄道（Historischer Schienenverkehr Wesel e.V）
ニーダーライン地方の保存観光列車
Museums- und Touristikzug am Niederrhein　　www.hsw-wesel.de

　デュッセルドルフ(Düsseldorf)からDB鉄道でデュイスブルク(Duisburg)を経由し約50分、ライン川沿いの街ヴェーゼル(Wesel)に着く。　ヴェーゼル駅から西方向と東方向にヴェーゼル保存鉄道の路線があり、4月、6月と8月の季節運行となるが、特別運転日に蒸機かディーゼルが牽引する列車が走る。　年度によっては、蒸機もしくはディーゼルの運転となるのでホームページで確認が必要である。　訪れた2017年度の4月にはディーゼルの牽引する列車"Wesoler Stadt-Express"がライン川遊歩道(Rheinpromenade)駅〜DBヴェーゼル(Wesel)駅〜ホーエ・マルク(Hohe Mark)駅間の4往復を運行した。　3月には春の到来を知らせる"Spargel-Express"も運行された様である。

　ライン川遊歩道駅傍には廃線となった旧Boxteler鉄道の路線跡を遊歩道にし、第二次世界大戦時にドイツ軍により破壊されたライン川鉄道橋の橋脚が保存されている。　対岸には延々と続く煉瓦造りアーチ橋も鉄道遺産として残され、当時の土木橋梁技術の粋が高かったことがうかがえる。

延長 **93** kmの路線があった　　　旧橋脚

1870 年頃、国際鉄道建設の案としてヨーロッパの東西を結ぶ国際路線、パリからハンブルクまで、長距離接続の計画があった。 ここヴェーゼルにライン川を跨ぐ鉄道橋が1874 年に3 年半にわたる工期で完成し、パリ・ハンブルク鉄道のヴェーゼル(Wesel)〜ハルターン(Haltern)区間が開通した。 1878 年にはビューデリッヒ(Büderich)でフェンローアー(Venloer)線に乗り入れするボクステル

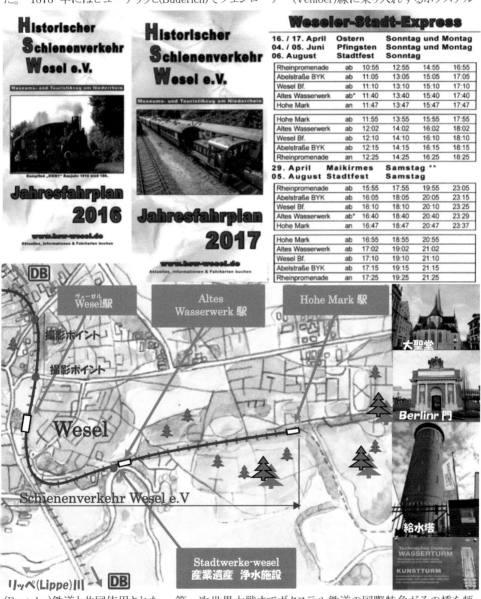

Weseler-Stadt-Express

16. / 17. April	Ostern	Sonntag und Montag			
04. / 05. Juni	Pfingsten	Sonntag und Montag			
06. August	Stadtfest	Sonntag			
Rheinpromenade	ab	10:55	12:55	14:55	16:55
Abelstraße BYK	ab	11:05	13:05	15:05	17:05
Wesel Bf.	ab	11:10	13:10	15:10	17:10
Altes Wasserwerk	ab*	11:40	13:40	15:40	17:40
Hohe Mark	an	11:47	13:47	15:47	17:47
Hohe Mark	ab	11:55	13:55	15:55	17:55
Altes Wasserwerk	ab	12:02	14:02	16:02	18:02
Wesel Bf.	ab	12:10	14:10	16:10	18:10
Abelstraße BYK	ab	12:15	14:15	16:15	18:15
Rheinpromenade	an	12:25	14:25	16:25	18:25
29. April	Maikirmes	Samstag **			
05. August	Stadtfest	Samstag			
Rheinpromenade	ab	15:55	17:55	19:55	23:05
Abelstraße BYK	ab	16:05	18:05	20:05	23:15
Wesel Bf.	ab	16:10	18:10	20:10	23:25
Altes Wasserwerk	ab*	16:40	18:40	20:40	23:29
Hohe Mark	an	16:47	18:47	20:47	23:37
Hohe Mark	ab	16:55	18:55	20:55	
Altes Wasserwerk	ab	17:02	19:02	21:02	
Wesel Bf.	ab	17:10	19:10	21:10	
Abelstraße BYK	ab	17:15	19:15	21:15	
Rheinpromenade	an	17:25	19:25	21:25	

(Boxteler)鉄道と共同使用された。 第一次世界大戦までボクステル鉄道の国際特急がその橋を頻繁に走っていたようだ。 現地の説明案内板には、第二次世界大戦時に防御目的でドイツ軍に爆破された橋の写真、当初完成時の鉄道橋復元図が掲示されている。 このヴェーゼル鉄道橋の橋脚が建造物文化財として保存され、廃線跡には郷愁が感じられる。

ラ イ ン 川 遊 歩 道
Rheinpromenade駅　始発に乗車
旧ライン川鉄道橋梁の橋脚遺産の傍

ヴェーゼル(Wesel)駅前にある"Hotel Kaiserhof Wesel"に前泊。ライン川遊歩道(Rheinpromenade)駅までは約2km、私は自転車なので約10分、徒歩の場合は約30分なので散歩がてらに歩くのも良い。 始発駅の傍にはライン川、行き交う船を眺めることができる。旧ライン川鉄道橋梁の橋脚が保存され、遊歩道をヴェーゼル駅方面に少し行くと、車両の整備や修復をしている車両基地もある。 見所はたくさんあるので余裕を持って行きたい。 出発の 10:55 が近づくと、皆さんは車で訪れる。自転車や徒歩は私ぐらいである。 ミニサイクルが珍しいのか自転車が注目され、待ち時間はブロンプトンの雑談PRとなる。

駅というよりは乗り場は機廻しができないので、列車はバックで入線、機関士と無線で連絡を取っているのだ。 自転車専用の貨車が連結されているが、私だけなので折りたたんで客車に乗り込んだ。

Historischer Schienenverkehr Wesel e.V.
"Weseler Stadt-Express"
Rheinpromenade Wesel - Wesel Bahnhof - "Hohe Mark"

Ostern 16.+17. April 2017

Wesel Rheinpromenade	ab	10. 55	12. 55	14. 55	16. 55
Abelstraße BYK-Chemie	ab	11. 05	13. 05	15. 05	17. 05
Wesel Bahnhof Gleis 5	ab	11. 10	13. 10	15. 10	17. 10
Altes Wasserwerk*	ab	11. 40*	13. 40*	15. 40*	17. 40*
"Hohe Mark"/RWE-Straße	an	11. 47	13. 47	15. 47	17. 47
"Hohe Mark"/RWE-Straße	ab	11. 55	13. 55	15. 55	17. 55
Altes Wasserwerk	ab	12. 02	14. 02	16. 02	18. 02
Wesel Bahnhof Gleis 5	ab	12. 19	14. 10	16. 10	18. 10
Abelstraße BYK-Chemie	ab	12. 19	14. 19	16. 19	18. 19
Wesel Rheinpromenade	an	12. 25	14. 25	16. 25	18. 25

Das Museum "Altes Wasserwerk" ist zu Ostern von 11 bis 18 Uhr geöffnet!
* = Zugaufenthalt zur Besichtigung, Schaubetrieb der Dampfmaschine

Fahrpreise:　　　　　　　　　　　　einfache Fahrt　　Rückfahrt
Rheinpromenade - Wesel Bahnhof　　　　2, 50 €　　　5. 00 €
Rheinpromenade - "Hohe Mark"　　　　　　　　　　10. 00 €
Familienkarte (bis 2 Erwachsene und max 4 Kinder 4-14J., max 6 Personen)　30, 00 €
Kinder von 4 bis 14 Jahren halber Preis, unter 4 Jahren frei!
Fahrkarten nur beim Schaffner im Zug

Weseler-Stadt-Express
Hohe Mark-
Wasserwerk Fustenberg-
Bf Wesel-
Rheinpromenade
und zurück

バックで入線

V25
HSW
9880 3440 125-3-D-HSW
Gew. d. Lok 28 t
Brems Gew. 19 t
LüP 7,4 m
zugel. nach EBO

HSW

型式 HSW V25

レトロな客車

保存鉄道自慢のL型2軸ディーゼル機関車、型式はHSW V25、1956年製造、240PSである。 最高速度は30km/hのスロースピードなので、レトロな客車の乗り心地はトコトコガタンガタンと心地良い振動には癒される。
　今日の運行は貨車1両と客車3両の計4両編成、行きは後向き、戻りは前向きスタイルとなる。

ライン川遊歩道
Rheinpromenade駅

先頭は自転車専用貨車

歴史ある産業遺産　浄水施設の見学
Altes Wasserwerk駅ではサプライズ休憩
アルテス　ヴァッサーヴェルク

　ライン川遊歩道駅を出発すると車両基地を通過する。車窓からはレトロなディーゼルや客車が大切に保存・修復がされている。　路線と並行に旧ボクステル鉄道の国際列車が走った煉瓦造り高架アーチ橋の鉄道遺産が保存され、一部は遊歩道として活用されている。　工場団地の中を走り、DB 路線に合流する。　ヴェーゼル駅でも乗客を乗せ、次の停車駅アルテス・ヴァッサーヴェルクではサプライズストップ、なんと産業遺産の浄水場施設の見学である。　乗車運賃に含まれている様でツアーガイド付き、ドイツ語なのだが少しは理解できているようなふりをしている私が居た。　車内で親しくなった家族連れは、ワンちゃんを連れ見学会も参加である。

車両基地

　このヴェセル市の旧浄水場は1983年技術文化財に指定され、ドイツの蒸気機関設備で最も古く、その設備は技術の粋を集めた芸術品でもある。　1900 年代のヴェーゼル市における浄水供給システムの全体像を来訪者に見せてくれる。

保存車両

　蒸気機関によるポンプは 1886 年に運用開始、リッペ川(Lippe)の草地には井戸があり、そこから濾過された水を集水されていた。　蒸気機関によるピストンポンプが水を吸引、水道配管に吐出、送水を行っていた。　市内の給水塔も 1886 年に運用が開始され、水の貯蔵と給水圧の調整も行っていたのだ。

旧高架橋

　蒸気機関は 1974 年に停止され、近郊のバーグヴァルト(Bagelwald)で第二浄水所が操業を開始したため、1956 年には旧浄水場は停止となった。　旧浄水場は 70 年もの間、市民に水を送り続けたのである。

ヴェーゼル市の旧浄水場

アルテス ヴァッサーヴェルク
Altes Wasserwerk駅

旧浄水場見学

皆下車

103

森の中の終着駅　Hohe Mark到着　機廻し作業開始
ホーエ　マルク
帰りは前向きスタイル

終着折り返し駅のホーエ・マルクは森の中、木漏れ日の射す新緑の緑が美しい。　路線はここから右にカーブし少し先まであるようだが、保存鉄道の運行はここまでとなる。ディーゼルは機廻しをし、今度は前向きスタイルで客車に連結作業。注目の的である。　運転室を見せてもらい操作パネルを撮影してびっくり、窓枠にピンクのリボンをしたミッキーマウスと飲料用ペットボトルが定位置に陣取っているではないか。　ドイツ保存鉄道の魅力はこの様な所にあるのだと思う。

Historischer Schienenverkehr		
Weseler - Stadt - Express		
Erwachsene		
EF		RF
Teil 2,50 €		Teil 5,00 €
Voll 5,00 €	H R	Voll 10,00 €

手作りのチケットには感激

静かな折り返し駅

連結作業

運転室体験乗車

なんとピンクリボンのミッキーマウス

チケットのパンチ方法を指導中

車掌さんと笑顔の挨拶

ポイントにオイルを給脂

森の中の機廻し作業

Hohe Mark駅　出発前のディーゼルの顔は頼もしいど

ライン川遊歩道
Rheinpromenade駅に戻る
ディーゼル音が心地良い 先頭車両のデッキに陣取る

11:55 ホーエ・マルク駅発車、ディーゼル音が森の中に響き渡る。 産業遺産の浄水場があるアルテス・ヴァッサーヴェルク駅、DB ヴェーゼル駅、化学工場(BYK-Chemie GmbH)のあるアーベル通り(Abelstraße BYK)駅に停車し、保存・修復している車両基地を通過、12:25 ライン川遊歩道駅に到着した。 乗客は先頭のディーゼル機関車に集まり、運転室の体験乗車や写真撮影と名残惜しそうである。 機関車はバックで車両基地に戻るが、機関士に手を振り、最後まで見送っている。

木漏れ日の射す駅は急に静けさを取り戻し、ライン川が悠々と流れ、保存されている旧ライン川鉄道橋梁の橋脚の傍で一休みしながら、古き良き時代のボクステル鉄道に思いを馳せる。

DB ヴェゼル駅停車

車両基地を通過

道路にはみ出して到着

ライン川遊歩道
Rheinpromenade 駅に到着

お勧めの撮影ポイントへは、ヴェーゼル駅前にある Hotel Kaiserhof Wesel から、前のカイザー
リング(Kaiserring)通りを北へ進み、交差点を右へ。シェルムベッカー・ラント通り(Schermbecker
Landstr.)に入ると高架橋への登り坂、路線一望である。 もう一つは、右折しないで北に進み次
の交差端を右へ入り、イッセル通り(Isselstr.)を進むとある高架橋。この地点は DB 路線と保存鉄
道の路線が分岐しているのでここもお勧めである。

撮影ポイント B：DB 路線と保存鉄道路線の分岐点

撮影ポイント A：DB 路線と保存鉄道路線　遠方にヴェーゼル駅が見える

01 118 型蒸気機関車が牽引する特別ツアー列車
マイニンゲン蒸気機関車工場(Dampfflokwerk Meiningen)祭り
Frankfurt(M)Süd～Meiningen　　Historische Eisenbahn e.V.
（www. Historische-eisenbahn-frankfurt.de）

　2017 年 9 月、フランクフルト南駅(Frankfurt(M)Süd)から、ドイツ鉄道の機関車の点検・修繕を一手に引き受けるドイツで唯一のマイニンゲン蒸気機関車工場(Dampfflokwerk Meiningen)あるマイニンゲン(Meiningen)駅へ 01 118 型蒸気機関車が牽引する特別ツアー列車が運行されたので出かけてみた。

　列車はフランクフルト歴史鉄道協会(Historische Eisenbahn e.V.)が運行する保存鉄道である。 協会は 1978 年に設立され、技術的な文化遺産としての歴史的に価値のある鉄道車両群の中でも、特に蒸気機関車を動態で保存している。

　定期的な保存運転を行い、年に何度かの週末にはフランクフルト市内を流れるマイン河川敷沿いの路線、フランクフルト港鉄道で 01 型蒸機やディーゼル機関車が客車を牽引、街中を走るのは珍しい。 また 3 月から 10 月までの 1～2 回/月、01 型蒸気の特別ツアー列車が運行される。 今回のマイニンゲン行きのツアー列車は、マイニンゲン車両工場で毎年開催される"マイニンゲン SL 祭り"に合わせた企画であり楽しみだ。

　フランクフルト南駅を 6:52 に出発し、4 時間 25 分の乗車でマイニンゲン駅12:16 に到着。 帰りはマイニンゲン駅16:38 発でフランクフルト南駅に 21:46 に戻る予定なのだが……。

Genehmigter Fahrplan FD 25590/25591

Zugnummer	Gleis	an	ab	Notizen
FD THÜRINGER WALD				
Frankfurt (M) Süd	9		6:52	
Hanau Hbf	7	7:19	7:22	
Gelnhausen	3	7:50	7:53	
(Elm)				
(Gemünden)				Wasserfassen
Schweinfurt				
(Rentwertshausen)				
Meiningen (Thür.)	?	12:16		
Meiningen (Thür.)	nach Ansage		16:38	
(Meiningstadt)				
(Männerstadt)				
Schweinfurt				
(Gemünden)				
Gelnhausen	1	20:31	20:57	Wasserfassen
Hanau Hbf	5	21:15		
Frankfurt (M) Süd	8	21:46		
(kursiv = Durchfahrt, ohne Halt, nur zur Information)				

06:52
DPN 25592
Hanau
Meiningen

DB 近郊列車Sバーンがやってきた

機廻しを開始

後向きで入線

機廻し、これから客車の先頭に前向きに連結

Frankfurt(M)Süd 駅　出発を待つ01型蒸機

01型118号機の特別ツアー列車はFrankfurt(M)Süd駅から出発

<ruby>Frankfurt<rt>フランクフルト</rt></ruby> <ruby>M<rt>マイン</rt></ruby> <ruby>Süd<rt>南</rt></ruby>

　マイニンゲンの祭りに行く蒸機ツアー列車は、フランクフルト中央駅の地下にあるSバーン(S4)の駅(Frankfurt(tief))から乗車して約10分、フランクフルト南駅から6:52に出発となる。　牽引車両は客車5両と貨車1両の計6両編成である。　万一の補機として後押しのディーゼル機関車が付くと思ったが、01型蒸機だけで走行とはすごいぞ。　この01型はドイツ鉄道が統一後、最初に標準化設計されて造られた旅客用のドイツを代表するSLで、赤い直径2メートルのスポーク動輪を持ち、精悍なスタイルであることから日本の鉄ちゃんも追いかけをするくらい人気のSLである。

　118号機は1934年クルップ社(Krupp,Essen)製造、最高速度:130 km/h、動輪径:2000mm、出力:1648KW の仕様を持ち、フランクフルト歴史鉄道協会が保有している。　ちなみにこのタイプの01型蒸機は、1926年から1938年にかけて231両が製造され、最初に営業投入された01形機関車は001号機でなく008号機。現在ボーフム＝ダールハウゼン鉄道博物館で保存され、博物館祭りに訪れたときにお目にかかったが、そうだったのか。

蒸機の後部には貨車を連結　　石炭投入！　　燃えてるか！

出発前のコーヒーの差し入れ
いいなあドイツの機関士達は

Historische Eisenbahn
01 118

出発準備完了の01型118号機

往路はフランクフルト・アム・マイン南駅を 6 時 52 分に出発し、オッフェンバッハ中央駅（注意：オッフェンバッハでの途中乗車は工事のため中止）とハーナウ中央駅(Hanau Hbf)で途中乗車を扱う。 新たにゲルンハウゼン(Gelnhausen)での追加停車を予定している。

ラウファッハ(Laufach)～ハイゲンブリュッケン(Heigenbrücken)間で新たに建設されたトンネルとそれに伴って蒸気機関車での通過が禁止されたことにより、この特別列車はハーナウから、キンツィヒタール線(Kinzigtalbahn)を経由してシュリュヒテルン(Schlüchtern)まで走行する。

そこからさらにエルム(Elm)とヨッサ(Jossa)を通ってゲミュンデン(Gemünden)へ走る。 ゲミュンデンからはシュヴァインフルト(Schweinfurt)まで、ヴェルンタール線(Werntalbahn)を通る通常のルートを走行する。

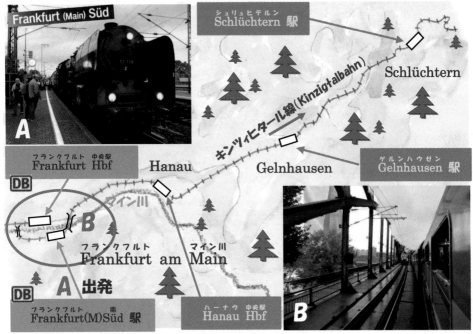

シュヴァインフルト到着後、長時間の停車を設けている。 この列車の機関車 01 118 は機回しされ、給水作業（今回は水を使い過ぎたのか、予定変更で手前の駅ゲミュンデン(Gemünden)で給水）を受けるのだ。 シュヴァインフルト駅での長い給水停車の後、今度は後向きで出発。 ノイシュタット(Neustadt/Saale)とメルリヒシュタット(Mellrichstadt)を通り、テューリンガーヴァルト（テューリンゲン森）にある目的地のマイニンゲン(Meiningen)へ進む。

そこで、列車は 4 時間滞在するので、第 23 回マイニンゲン蒸気機関車デーの行事に参加して DB 社の現地整備工場を訪れ、ガイド付きで工場見学もできる。 また個人行動で、かつての居城都市マイニンゲン、音楽や演劇の豊かな文化史と調和のとれた街並みを散策する十分な時間がある。 あるいは「マイニンゲンのトリビアと逸話－南の国の知恵に遊ぶ」のモットーで実施される心地よいガイド付きツアーに参加できる。 スタートは午後 2 時に観光案内所となり、所要時間は 1 時間半、追加料金は 4 ユーロで予約不要。マイニンゲン駅から蒸気機関車工場まで、徒歩で約 15 分である。

今回のツアー料金は往復 110.1€（日本からインターネット予約）、蒸気機関車工場への入場

料は、旅行代金に含まれていないので、入場券（10€）は列車内で購入できる。
　今年もまたシュトゥットガルトやライプツィヒの他、ドイツ全国からも特別列車が運行される。多数のゲスト機関車や何両かのマイニンゲン工場保有の機関車が蒸気を噴き上げるのだ。私たちの機関車01 118は工場に回送され、復路のために転車台で回される。それは17:00少し前の予定だそうだ。（総走行距離：約520km）

　マイン川橋梁では電気機関車のプッシュプル列車とすれ違い、乗客は窓を開き前方を眺めるのに必死外気温が低いので白煙が車内にまで入り込んでくるがお構いなし。　ハーナウ(Hanau)駅に停車するが機関士は動輪の点検に夢中である。　次の停車駅ゲルンハウゼン(Gelnhausen)で乗客が乗り込む間に、機関士の二人はまたまた点検しているぞ。　どうやら動力伝達するロッドの軸受が熱を持ち、調子が良くないようだ。　出発進行！そんなことお構いなしに力強い走行が始まった。

ゲルンハウゼン駅停車

01 118

ハーナウ駅停車

114

DAMPFSONDERZUG
THÜRINGER WALD

Frankfurt (M) Süd – Hanau Hbf –
Gelnhausen – Schweinfurt Hbf –
Meiningen (Thür) –
Schweinfurt Hbf – Gelnhausen –
Hanau Hbf – Frankfurt (M) Süd

2

マイン川橋梁を渡る

ビュッフェ売店のスタッフの皆さん　ポーズをとってくれた

Gemünden(Main)駅では給水作業

当初のスケジュールでは、少し先のシュヴァインフルト（Schweinfurt）駅に到着後、長時間の停車を設け、この列車の機関車01 118は機廻しされ、給水作業を受ける予定であった。しかし、水を使い過ぎたのだろうか、停車予定のなかった手前の駅ゲミュンデン（Gemünden）に停車し給水を受けることになった。

ホーム端にある草むらの給水栓からホースを引き、テンダー車の後部にホース接続を行い給水開始。テンダー車の水タンク容量は 34 ㎥もあり、作業開始から約 50 分でやっと完了したが、乗客にとってはひと時の休憩タイム。私にとっては牽引車両見学タイムである。

先頭の白い貨車は自転車やベビーカー専用車、2〜3 両目は鉄道グッズ売店とビュッフェ売店の車両、4〜7 両目はツアー参加の乗客用客車の計 7 両編成である。
客車は全てコンパートメントタイプの 6 人部屋、3＋3 席の対面座席なので、同席の方と挨拶やちょっとした会話ができ親しくなれるのが良い。

車内売店で購入

Gemünden(Main)駅

116

スタッフも休憩タイム

Gew. Lok u. Tender			171 t
Br.Gew.	P		199 t
	G		166 t
Wasser			34 m³
Kohle			10 t
Kbr (G-P) m. selbstt. Lastabbr. u. Z.			
Br. Rev. Br. 3			13.04.13
Gestängebauart Te 1941			

どうやら鉄ちゃんばかり

給水ホース径は細い
ので時間が掛かりそう

給水作業は人気なので機関車の
周りには乗客が集まってくる

BINDING

<ruby>Meiningen<rt>マ イ ニ ン ゲ ン</rt></ruby>駅に到着

シュヴァインフルト駅からは進行方向が逆になるため蒸機は機廻しを行い、後向きでマイニンゲンに向け 10:42 出発となる。 途中駅エーベンハウゼン(Ebenhausen(Unterfr))で停車し小休憩、12:16 マイニンゲン駅に到着する。 乗客はスタッフの案内でホームから路線沿いを歩き、踏切を渡り左折、少し歩くとマイニンゲン蒸気機関車工場祭りの入り口が見える(徒歩で約20分の距離)。 チケットは予め列車内で購入しているので提示するだけである。

工場内に入るとそこは別世界、工場内は開店休業で修理中の部品は整理整頓され、鉄道模型や雑誌等の掘り出し物がいっぱい埋め尽くされている。

入口・チケット売り場

機関車工場内は開店休業の祭り一色　　　マイニンゲン蒸気機関車工場祭り

10:42
DPN 25592

Meiningen

Folgezüge:
11:07   RE 55   Bamberg
11:45   DPN 24266 Meiningen

客車を切り離し、機廻し開始

機廻し中

シュヴァインフルト
Schweinfurt駅

後向きで出発

前方に見えるのがマイニンゲン駅

Meiningen

祭り会場に案内するスタッフ

マイニンゲン駅に到着

119

マイニンゲン蒸気機関車工場祭り　点検・修繕を一手に引き受ける工場とは

　会場というか工場内に足を踏み入れると、さすがビール大国であるミュンヘンのオクトーバーフェストかと錯覚するくらいの盛り上がりようである。　その周囲は鉄道グッズや鉄道模型の掘り出し物市となり、工作機械の傍でも店開きをしている。　また、修理中の蒸機や客車の傍に行くことができ、立ち入り禁止のロープも無いのでそのままの姿を身近で見学できるのだ。　日本では考えられない光景が次々と飛び込んでくる。　ドイツの習慣だろうか、そのおおらかさは羨ましい。

　嬉しいことに、場内を写すためのお立ち台（脚立）が設けられ、順番に並んで撮影できたのだ。

マイニンゲン蒸気機関車工場(Dampfflokwerk Meiningen)

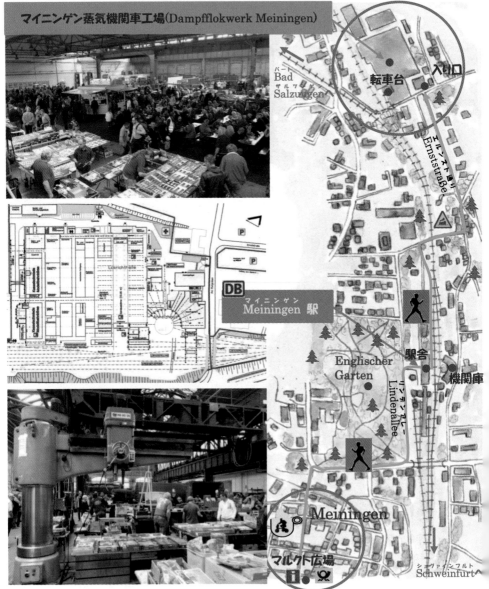

121

点検・修繕を一手に引き受ける工場と祭りは、共存共栄

　工場内では蒸機の動輪や小物部品等が作業途中のまま置かれ、来場者はかなり近くで見学できる。　製缶や加工の作業場は鉄道グッズや掘り出し物マーケットに早変わりし、店開きをしているのには吃驚するやら感心するやら。製作中のボイラー本体もあるぞ。　機械工場をこの様な形で公開できるマイニンゲン蒸気機関車工場には脱帽、羨ましい。

　祭りで楽しみなのが工場内の出店巡り。ドイツの街でよく見かける軽食スタンドのインビスでは焼きソーセージをパンにはさんだブラートヴルスト(Bratwurst)が定番だが、手軽に食べられるのでここでも大人気である。　また、ハルツ狭軌鉄道のブロッケン山頂で美味しかったことで忘れられないのが、豆を潰したスープにソーセージを入れ、半分顔を出したスープ丼。おばさんがこぼすなよとパンを添えて手渡しでくれるのだ。

　工場内で修繕中の車両や部品を見学、出店の軽食やアイスクリーム、鉄道模型や鉄道グッズの品定めと忙しく、多く時間を割いてしまった。　さあ、これから屋外展示の車両を見学だ。

123

屋外展示場では「美女と祭りのコラボ」
マイニンゲン祭りの女王

　屋外エリアには各種の蒸機や電気機関車、客車が展示されている。　特に興味を持ったのは緑色に塗装された、昔言葉で表現すると、流線型の18型201号機である。　機関室内に乗車でき機関士から説明を受けるが当然ドイツ語、すごい&すごいと繰り返すしかないが気持ちは伝わり、パンフレットを沢山頂いた。　なんとこの蒸機は旧東ドイツ国鉄が製造した高速旅客用、最高速度：180km/h、動輪径：2300mm、3シリンダータイプ、1939年ヘンシェル社（カッセル）の製造。　1基しか製造されなかった試作蒸機が動態保存され、旅行会社がこの個人所有の蒸機を借りてツアー列車を走らせているようだ。

　マイニンゲン祭りの女王撮影会が始まる。　黒のドレスは良いが、蒸機が相手なので腕には黒い汚れがいっぱいの女王だが、マイニンゲン工場らしい親しみを感じる。

　さあ帰ろう、マイニンゲン駅には蒸機ツアーの主役01 118号機が後押し、先頭は01 519蒸機で16:30出発となる。　というのも次の駅シュヴァインフルトでは進行方向が逆になるため01 118を最後部に連結している。　シュヴァインフルト駅で01 519蒸機を切り離し、フランクフルト南駅行きは01 118が先頭となり、後ろ押しのない単独牽引で頼もしいぞ。　しかし、何故か長時間停車となり乗客全員はホームに降ろされてしまった。　その間、定期運行の列車やビュルツブルグ行きの蒸機ツアー列車が到着・出発して行く。　01 118蒸機にトラブルがあったのか、電気機関車を手配する時間調整なのか分からない。　約1時間45分遅れの20:15に出発、乗客のほとんどが疲れで居眠りである。　到着予定時刻より約2時間遅れ、真夜中の23:43フランクフルト南駅に到着。　何時、何故電気機関車を連結したのか、遅れた原因は、ゼロワンミステリーツアーの終了。

フランクフルト南駅に到着
なんと、先頭には電気機関車(152 067-5)が連結されていた

01 118蒸機　お疲れ様！

マイニンゲン駅舎

マイニンゲン駅　先頭蒸機 01 519

マイニンゲン駅を出発
後方 01 118

DAMPFSONDERZUG
FD THÜRINGER WALD
Frankfurt (M) Süd – Hanau Hbf –
Geinhausen – Schweinfurt Hbf –
Meiningen (Thür) –
Schweinfurt Hbf – Geinhausen –
Hanau Hbf – Frankfurt (M) Süd
4

客車 4 号車に乗車

前方 01 519

マイニンゲン工場で休憩 01 118

マイニンゲン駅　後押し蒸機 01 118

立ち入り禁止のド
アから工場内をのぞき見

先頭 01 118

シュヴァインフルト駅では進行方向が逆に

マイン川の河川敷を走る港鉄道(Hafenbahn) ハーフェンバーン

www.historische-eisenbahn-frankfurt.de

フランクフルト歴史鉄道協会(Historische Eisenbahn e.V.)が運行する保存鉄道として、年に何度かの週末にはフランクフルト市内を流れるマイン河川敷沿いの路線、フランクフルト港鉄道で 01 型蒸機やディーゼル機関車が客車を牽引。街中を走る珍しい光景が見られる。 マイニンゲン蒸気機関車工場への蒸機ツアー翌日、ハーフェンバーン(港鉄道)でも 01 118 蒸機が再度運行する予定であったが、待てど待てど煙が見えず、汽笛も聞こえない。もしかしたらの予感が的中。疲れからやはり代役のディーゼル機関車の牽引する列車が現れた。 マイニンゲン蒸機ツアーと同じ

Der Museumszug verkehrt nach folgendem Sonderfahrplan auf der Frankfurter Hafenbahn (s. Streckenkart

>>> Osten		Fahrt Nr.	101	103	105	107	109	111	113
Eiserner Steg	ab			12:00	13:00	14:00	15:00	16:00	18:00
Europäische Zentralbank				12:08	13:08	14:08	15:08	16:08	18:08
Osthafenbahnhof *				12:21	13:21	14:21	15:21	16:21	
Osthafenbahnhof *				12:24	13:24	14:24	15:24	16:24	
Europäische Zentralbank			10:38	12:38	13:38	14:38	15:38	16:38	
Eiserner Steg	an		10:47	12:47	13:47	14:47	15:47	16:47	
>>> Westen		Fahrt Nr.	102					112	
Eiserner Steg	ab		11:00					17:00	
Griesheim Übergabepunkt *			11:25					17:25	
Griesheim Übergabepunkt *			11:28					17:28	
Eiserner Steg	an		11:55					17:55	

* Wendepunkt; kein Ein- oder Ausstieg!　　　　　Änderungen aus organisatorischen und/oder betrieblichen Gründen vorbeh

アイゼルナー・シュテグ
Eiserner Steg 駅に到着

車両構成である。　先頭は低床車両入れ替え用ディーゼル機関車（型式：100 912-5）、後押しのディーゼル機関車（型式：D1）は赤と白のツートンはクサビ塗装スタイル、側面には、HFM Management für Hafen und Markt Frankfurt との文字が書かれている。　今回はフランクフルト中央駅からトラム（No.11 系統）に乗りレーマ広場で下車、徒歩約 5 分でマイン川の河川敷にあるアイゼルナー・シュテグ停留所（HP.Eiserner Steg）に着く。　マイン川の遊覧船の発着場で賑やか、カフェで休憩もできる。　アイゼルナー・シュテグ（Eiserner Steg）、橋の上からの撮影がお勧め。

ハーフェンバーン（港鉄道）年間スケジュール

河川と道路に挟まれた緑いっぱいの路線を走る港鉄道は、フランクフルトの旧市街の中心にある大聖堂(Dom)や旧市庁舎(Römer)へ、そのレーマー広場(Römerpl.)から、港鉄道の起点駅でもあるアイゼルナー・シュテグ(HP.Eiserner Steg)停留所はすぐ近くである。　木漏れ日の射す石畳の広場にはマイン川を行き交う船を見渡せるベンチが路線横にある。　列車が駅に到着、白い貨車は自転車やベビーカーの専用車、ちょうど子供連れのお母さんがベビーカーをこれから積み込むようだ。　マイン川上流に向かって東方面行きの路線は、ヨーロッパ中央銀行停留所(Europäische Zentralbank)、東港駅(Osthafenbahnhof)で折り返す。　下流に向かって西方面行きの路線は、グリースハイム(Griesheim Übergabepunkt)のヴェンデプンクト中央駅(Wendepunkt HBF)まで路線が続いている。

アイゼルナー・シュテグ
Eiserner Steg 駅を出発

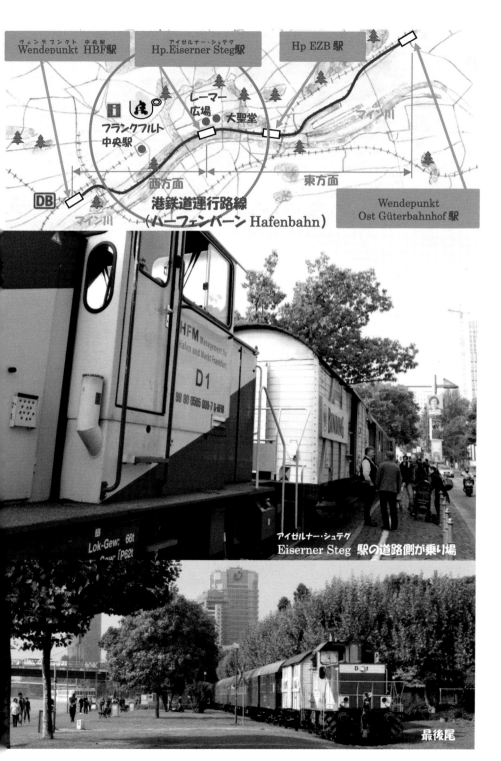

ヴェンデフンクト 中央駅
Wendepunkt HBF駅

アイゼルナー・シュテグ
Hp.Eiserner Steg駅

Hp EZB 駅

レーマー
広場

大聖堂

フランクフルト
中央駅

マイン川

DB

マイン川

西方面

東方面

港鉄道運行路線
（ハーフェンバーン Hafenbahn）

Wendepunkt
Ost Güterbahnhof 駅

HFM Management für
Hafen und Markt Frankfurt

D 1

98 80 0505 009-7 D-HFM

Lok-Gew: 66t
Gew. ГР62t

アイゼルナー・シュテグ
Eiserner Steg 駅の道路側が乗り場

D 1

最後尾

131

ドイツ北の島、東フリースラント諸島(Ostfriesische Inseln)
三つの島で活躍している島の鉄道(Inselbahn)と
馬車鉄道(Museumspferdebahn)の島を訪ねて

（1）ボルクム島(Borkum)、ランゲオーク島(Langeoog)、ヴァンガーオーゲ島(Wangerooge)
の 3 島には今なお狭軌鉄道(ディーゼル・蒸機・レールバス等)が生き残り、定期運行さ
れ、北海の自然が残る島は人気のリゾート地
（2）シュピーカオーク島(Spiekeroog)には、昔の鉄道路線は廃止されたが、路線の一部を活
用し保存馬車鉄道を復活、自然のままの島は心地よい北海からの風が吹く

　ドイツの最北西に位置する東フリースラント諸島。まるで真珠の首飾りの様に、東フリースラント諸島の 7 島がエムス川(Ems)河口からヤーデ川(Jade)、ヴェーザー川(Weser)の河口の間で、鎖に結ばれている。　これらの北海に注ぐ川が内陸から多量の砂泥を海に押し出し、海流によって島が形成されたようだ。

　これら島と本土間の水域はワッデン海(Wattenmeer)と呼ばれる干潟や遠浅の湿原となり、オランダからドイツ、デンマークまでの全長約 500 kmに及ぶ海岸沿いの湿原は、ユネスコ世界遺産に登録されている。　ドイツでは東フリースラント諸島と周辺海域は、ニーダーザクセン・ワッデン海国立公園となっている。　栄養が豊かなワッデン海は、魚介類の他、アザラシなどの哺乳類も生息する自然の宝庫。　同時に渡り鳥にとっては重要な中継基地でもある。　シベリアやスカンジナビア半島から越冬地のヨーロッパやアフリカへ向けて、一千羽以上の鳥たちが諸島の豊かな自然で栄養補給をしてから、目的地へと飛び立つのが見られる。

　又、東フリースラントの島全体が自動車乗り入れ禁止区域(ボルクム島は除外)となり、本土からはフェリーで渡ることになるが、ボルクム・ランゲオーク・ヴァンガーオーゲの3島では港に着くと、列車が埠頭に横付けされ、乗り継ぎは実にスムーズ。　今なおカラフルな古風な狭軌列車が目の前にあり、ワクワク感が堪らなく、船旅と鉄道旅がセットで楽しめるのだ。

　ワッデン海を航行する本土からのフェリーは離岸の後、ワッデン海沖に延びる人工に造られた狭い運河のような水路を沖合まで慎重に進むが、それでも 6 時間ごとに干潮と満潮が繰り返され、海底までの深さが変化するため、ヴァンガーオーゲ島やシュピーカーオーク島へのフェリーでは季節や時間帯によって、船の運行ダイヤが変わるので注意が必要である。

　島の鉄道はフェリー埠頭と島の町との間を、船の発着時刻に合わせて 1 日に数回往復し、島を訪れる観光客や休暇を楽しむ人にとっては無くてはならない大切な交通手段である。　こうした旅客や生活必需物資の輸送、島の海岸保全工事の資材輸送や廃棄物の運搬等を積極的に行うことで、廃線の危機を乗り越えたのである。　活路を見出した島の鉄道は、島の自然環境保護に配慮した輸送交通となり、リゾート地として島の活性化に一役買い、活躍しているのが見て取れる。　そ

Borkum島 フェリー乗り場(Borkum Reed)

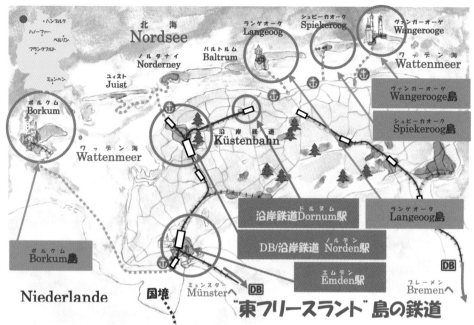

北海 Nordsee

・ハンブルク
ハノーファー・
ベルリン
フランクフルト
ミュンヘン

ノルダナイ
Norderney

ユィスト
Juist

バルトルム
Baltrum

ランゲオーク
Langeoog

シュピーカオーク
Spiekeroog

ヴァンゲオーゲ
Wangerooge

ワッテン海
Wattenmeer

ボルクム
Borkum

ワッテン海
Wattenmeer

沿岸鉄道
Küstenbahn

ヴァンガーオーゲ
Wangerooge島

シュピーカオーク
Spiekeroog島

ボルクム
Borkum島

沿岸鉄道Dornum駅
ドルヌム

DB/沿岸鉄道 Norden駅
ノルデン

エムデン
Emden駅

ランゲオーク
Langeoog島

DB

Niederlande

国境

ミュンスター
Münsterへ

DB

ブレーメン
Bremenへ

"東フリースラント"島の鉄道

の一方、シュピーカーオーク島ではもはや列車を見ることはできない。 ここでの列車の運行はすでに1981～82年に廃止されている。 その代わりに島の干潟を切り込んで新しい港が作られたそうだ。 近年環境意識が高まり、他島では廃止されずに鉄道路線は島の環境保全と自然保護を守りながら、休暇リゾート地として共存できたことを知り、今ではこの島の人々はこの措置を大いに悔やんでいる。 当時、愛らしい鉄道が観光資源として認識されていなかったのである。

Borkum島 町の中心にあるボルクム駅(Borkum Bahnhof)

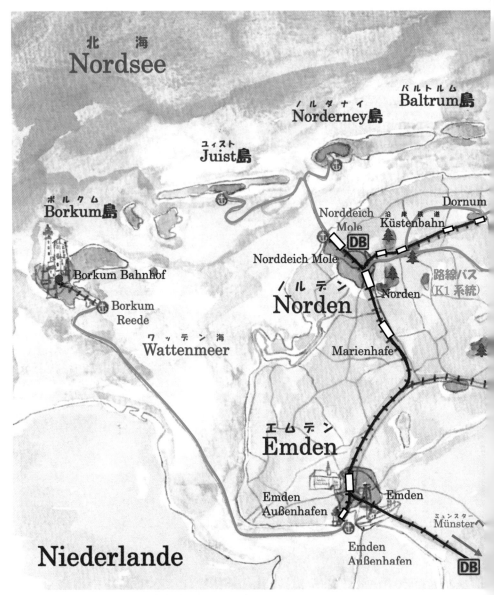

北　海
Nordsee

ノルダナイ
Norderney島

バルトルム
Baltrum島

ユィスト
Juist島

ボルクム
Borkum島

Norddeich
Mole
DB

Dornum
沿岸鉄道
Küstenbahn

Norddeich Mole

ノルデン
Norden

Norden

路線バス
(K1系統)

Borkum Bahnhof

Borkum
Reede

ワッテン海
Wattenmeer

Marienhafe

エムデン
Emden

Emden

ミュンスター
Münsterへ

Emden
Außenhafen

Emden
Außenhafen

Niederlande

DB

東フリースラント諸島へのアクセス（大都市ブレーメンから）

(1) ボルクム島(Borkum)　ブレーメン中央駅(Bremen Hbf)からICで乗車時間1時間40分、エムデン中央駅(Emden Hbf)に着く。DB鉄道かバスに乗り換え約10分、エムデン外港(Emden Außenhafen)からフェリーで約2時間だが、カタマラン（双胴船）では約1時間、ボルクム島のフェリー埠頭(Borkum Reede)に着岸する。埠頭にはボルクム軽便鉄道(Borkumer Kleinbahn)が相互接続しているので乗り換え、島の中心にあるボルクム駅(Borkum Bahnhof)まで約20分。

(2) ランゲオーク島(Langeoog)　ブレーメン中央駅から途中1回乗り換え(IC・普通)で約2時間と少しでエセンス(Esens)駅着。路線バス(K1系統)に乗り換え約10分でベンサージール

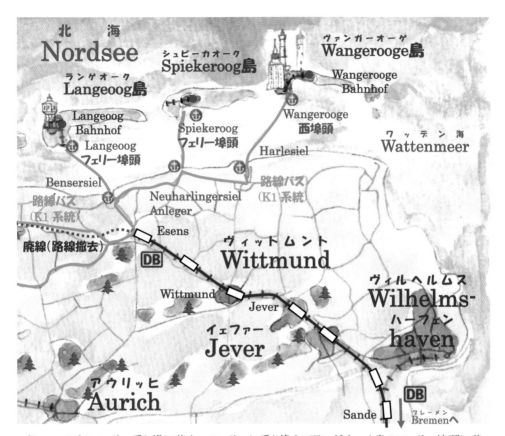

(Bensersiel)のフェリー乗り場に着く。 フェリーに乗り換えてランゲオーク島のフェリー埠頭に着岸、相互接続しているランゲオーク島鉄道(Lanfeooger Inselbahn)に乗り換え、島の玄関口であるランゲオーク駅には船と鉄道がセットで約1時間。

(3) シュピーカーオーク島(Spiekeroog) ランゲオークと同様、こちらもエセンス駅から路線バス(K1系統)に乗り換えて約30分、ノイハルリンガージール・アンレーガー(Neuharlingersiel Anleger)のフェリー乗り場に着く。 フェリーに乗り換えて約50分でシュピーカーオーク島のフェリー埠頭に着岸、15分程度歩いて馬車鉄道(Museumspferdebahn)の乗り場へと向かう。

(4) ヴァンガーオーゲ島(Wangerooge) ランゲオーク島やシュピーカーオーク島と同様、エセンス駅から路線バス(K1系統)に乗り換え約40分でハルレージール(Harlesiel)港のフェリー乗り場に着く。 フェリーに乗り換えてヴァンガーオーゲ西埠頭に着岸、相互接続しているヴァンガーオーゲ島鉄道(Wangerooger Inselbahn)に乗り換え、島の中心にあるヴァンガーオーゲ駅(Wangerooge Bahnhof)迄船と鉄道がセットで約1時間。

路線バス(K1系統 Küstenlinie)の活用

　エムデンからDB鉄道で約25分、ノルデン駅(Norden Bahnhof)から路線バス(K1系統)が本土側の港であるベンサージール、ノイハルリンガージール、ハルレージールを繋いでいる。 各島に渡り鳥の様に連続して旅をするには、このルートを活用するのも得策である。 今回の旅もこの路線バス(K1系統)を活用した。 因みに、各島間は船の航行は無く、本土側の港からフェリーで島に渡ることになる。

エムデン(Emden)はボルクム島への玄関口 エムデン外港がある
ルール地方への運河が建設され、その外港として繁栄

　エムデンはニーダーザクセン州、東フリースラント地方の主要都市、人口約 5 万人のエムス川河口に位置する港湾都市。　19 世紀末、ドルトムント・エムス(Dortmund Ems)運河が建設され、ルール地方と繋がり、その外港として 1970 年代まで石炭や鉄が運ばれ栄えた。　第二次世界大戦では町の 80%は破壊されたが再建、今でも運河を通じてルール地方と結ばれる重要な貿易港であり、自動車や造船業も盛んである。　エムデン中央駅(Emden Hbf)の駅前広場には、蒸気機関車 43 型 903-4 号機が静態保存され、傍には地元鉄道同好会の小さな庭園鉄道がある。

エムデン旧港　C

A　エムデン中央駅

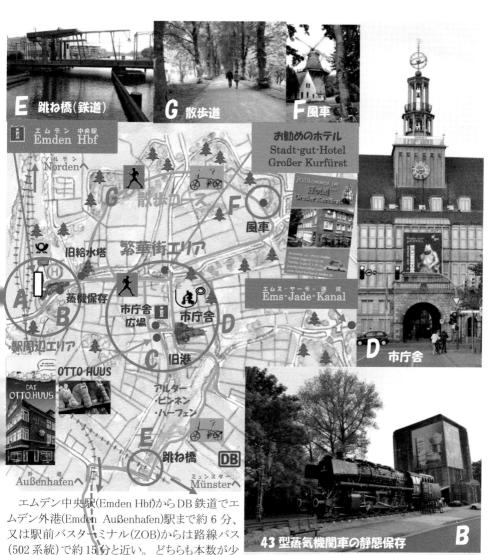

E 跳ね橋（鉄道）　**G** 散歩道　**F** 風車

Emden Hbf エムデン 中央駅

お勧めのホテル
Stadt-gut-Hotel
Großer Kurfürst

Hotel
Großer Kurfürst

G 散歩コース

F 風車

繁華街エリア

旧給水塔

蒸機保存

市庁舎
広場　市庁舎　**D**

駅周辺エリア

A　**H**

B

C 旧港

OTTO HUUS

DAT
OTTO.HUUS

アルター
・ビンネン
・ハーフェン

E 跳ね橋　**DB**

Außenhafen へ　　　Münster へ

Ems-Jade-Kanal エムスーヤーデー 運 河

D 市庁舎

エムデン中央駅(Emden Hbf)からDB鉄道でエムデン外港(Emden Außenhafen)駅まで約6分、又は駅前バスターミナル(ZOB)からは路線バス(502系統)で約15分と近い。 どちらも本数が少なく、どちらかがボルクム島へのフェリー、高速船カタマラン（双胴船）には連絡しているようである。 運行時刻はドイツ鉄道のホームページから調べることができ、ボルクム島への船の時刻検索も可。

www.bahn.de

DB

H

エムデン外港

43型蒸気機関車の静態保存　**B**

奥にコンクリート製旧給水塔

137

　東フリースラント諸島で最も西のボルクム島(Insel Borkum)には、最も歴史が古く、かつ長さが7.3km と、残存している北海の島内鉄道では最長の路線を保有しているボルクム軽便鉄道(Die Borkumer Kleinbahn)がある。　島のフェリーターミナル(Borkum Reede)から町の中心にあるボルクム駅(Borkum Bahnhof)迄を約 20 分で結んでいる。　今回の旅は、愛読している"Eisenbahn Magazin"にボルクム軽便鉄道(Borkumer Kleinbahn)の紹介があったのがきっかけである。

　ボルクム島への船会社、エムス社（AG Ems）の子会社であるボルクム軽便鉄道・蒸気船会社(Borkumer Kleinbahn und Dampfschifffahrt GmbH)が鉄道と航路を一体で運営している。　1888年 6 月 15 日には早くも、船着き場と島の町の間にある 900mm の軌道上を、最初の列車が走った。第二次世界大戦以降、軌道は複線化された。　軽便鉄道が自動車と競合していた時代は決して楽ではなかったが、旅客数は高い水準で安定してきており、鉄道は現在、もはや危機に瀕してはいない。　それどころか近年は、上部構造(線路)に積極的な投資が行われている。

　現在、旅客用として、カラー塗装された 1993～94 年製 4 軸客車から成る「ペンデルツーク(Wendezüge)」2 編成が使われている。　同時期に製造された 2 軸ディーゼル CFL150 型シェーマ機関車（Schöma-Loks）、このシェーマ社製の小型ディーゼル機関車の愛称「ミュンスター(Münster)」「ベルリン(Berlin)」「ハノーファー(Hannover)」ならびに 2007 年に運用についた「アウリッヒ(Aurich)」の 4 機うちの 1 両がそれを牽引する。　このほか、より古い 1970 年製シェーマ機関車 CFL200 形「エムデン(Emden)」も、繁忙期に出番があるようだ。

　通常、機関車は列車の両端についているので、船着き場で機関車の機廻し付け替えをしなくてよい。　列車は昔と変わらず、ヒース(ツツジ科、ここではエリカの群生地)と松林の美しい風景の中を走り、一部で島の町中で家並みをかすめる。　他の島内鉄道と異なり、ボルクム狭軌鉄道は伝統を守っている。

　すなわち、今でもシーズン中の特別ダイヤで一部だが、使用車両は真正な保存編成で、1889～1928 年製の 2 軸車と 4 軸車から成り、古参のシェーマ機関車の後ろに 1935 年製の小型の D55 形 DWK 機、または 1937、1940 年製の蒸機「ボルクム」が運用される。

　ヴィスマールのレールバスでさえも動態保存され、手厚い保守を受けここボルクムで動ける状態にあり、特別運行日に出番となる。

　蒸機やレールバスの運行日は、ホームページの時刻表に記載されているが、その日の運行される全ての列車に対応していないので、現地の案内所で確認が必要である。

北 海 Nordsee

Borkum Bahnhof
ボルクム駅

Borkum Reede
フェリーターミナル

ワッテン海 Wattenmeer

ボ ル ク ム
Borkum島

ボルクム軽便鉄道
(Borkumer Kleinbahn)

Borkum **Fahrplan** 2018

AG EMS

ノルデン
Norden へ

エムデン
Emden

エムデン中央駅

Emden
Außenhafen 駅

エムデン港

ミュンスター
Münster へ

Inselbahn–Fahrplan Sommer 2018
(Gültig vom 16.03. bis 28.10.2018)

Verkehrstage	Bahnhof → J. v. Dyken-Weg → Fährhafen		
täglich	07:15	07:19	07:32
a: Mo–Sa / b+c: täglich	08:20*	08:24*	08:37*
a: Sa+So / b+c: täglich	10:10	10:14	10:27
täglich	10:30	10:34	10:47
täglich	11:30	11:34	11:47
täglich	14:00	14:04	14:17
a+c: Fr–Mo / b: täglich	14:40**	14:44**	14:57**
täglich	16:30	16:34	16:47
täglich	17:40	17:44	17:57

Verkehrstage	Fährhafen → J. v. Dyken-Weg → Bahnhof		
täglich	ca. 10:15	ca. 10:28	ca. 10:32
täglich	ca. 11:15	ca. 11:28	ca. 11:32
täglich	ca. 13:30	ca. 13:43	ca. 13:47
a+c: Fr–Mo / b: täglich	ca. 14:45**	ca. 14:58**	ca. 15:02**
täglich	ca. 16:10	ca. 16:23	ca. 16:27
täglich	ca. 17:45	ca. 17:58	ca. 18:02

von Emden-Borkumkai nach Borkum (anschließend Inselbahn)
Fahrzeit Schiff ca. 130 Min., Katamaran** ca. 60 Min., Reservierung erbeten

Zeitraum	Mo	Di	Mi	Do	Fr	Sa	So
08.01.–15.03.	06.30** a 08.00	08.00	08.00	08.00	08.00	08.00	08.30
	14.00**	12.30a		12.30a	14.00**	12.30a	14.00** a
	16.45	16.45	16.45	16.45	16.45	16.45	16.45
16.03.–29.06.	08.00	08.00	08.00	08.00	08.00	08.00 09.00**	08.00 09.00**
	12.30**	12.30**	12.30**	12.30**	12.30**	12.30**	12.30**
	14.00	14.00	14.00	14.00	14.00	14.00	14.00
	16.45**	16.45**	16.45**	16.45**	16.45**	16.45**	16.45** 19.30** b
30.06.–26.08.	08.00 09.00**	08.00 09.00**	08.00 09.00**	08.00 09.00**	08.00 09.00**	08.00 09.00**	08.00 09.00**
	12.30**	12.30**	12.30**	12.30**	12.30**	12.30**	12.30**
	14.00	14.00	14.00	14.00	14.00	14.00	14.00
	16.45**	16.45**	16.45**	16.45**	16.45** 16.45	16.45**	16.45**
	19.30**	19.30**	19.30**	19.30**	19.30**■	19.30**	19.30**
27.08.–28.10.	08.00 09.00**	08.00 09.00**	08.00 09.00**	08.00 09.00**	08.00 09.00**	08.00 09.00**	08.00 09.00**
	12.30**	12.30**	12.30**	12.30**	12.30**	12.30**	12.30**
	14.00	14.00	14.00	14.00	14.00	14.00	14.00
	16.45**	16.45**	16.45**	16.45**	16.45**	16.45** 19.30**c	16.45** 19.30**c	16.45** 19.30**c
29.10.–23.12.	06.30** 08.00	08.00	08.00	08.00	08.00	08.00	08.30
	14.00**	12.30		12.30	14.00**		14.00**
	16.45	16.45	16.45	16.45	16.45	16.45	16.45

a) ab 09. Februar   b) im Mai und Juni   c) bis 30. September

Je nach Tide und Schiffseinsatz kann die Fahrzeit zwischen knapp 2 Stunden und bis zu 3 Stunden betragen. Voraussichtlich längere Fahrzeiten über 2 Std./45 min. sind im Internet unter www.ag-ems.de abrufbar.

bzw. ab Borkum–Bahnhof nach Emden
(die Schiffe legen ca. 25 Min. später am Hafen ab)

Zeitraum	Mo	Di	Mi	Do	Fr	Sa	So
08.01.–15.03.	07.30** a 07.30	07.30	07.30	07.30	07.30	07.30	08.30
	13.30	13.30	13.30	13.30	13.30	13.30	
	15.00**			15.30	15.00**	15.30	15.00** a
							16.30
16.03.–29.06.	07.15**	07.15**	07.15**	07.15**	07.15**	07.15** 10.10**	07.15** 10.10**
	10.30	10.30	10.30	10.30	10.30	10.30	10.30
	14.00**	14.00**	14.00**	14.00**	14.00**	14.00**	14.00**
	16.30	16.30	16.30	16.30	16.30	16.30	16.30 17.40** b
30.06.–26.08.	07.15** 10.10**	07.15** 10.10**	07.15** 10.10**	07.15** 10.10**	07.15** 10.10**	07.15** 10.10**	07.15** 10.10**
	10.30	10.30	10.30	10.30	10.30	10.30	10.30
	14.00**	14.00**	14.00**	14.00**	14.00**	14.00**	14.00**
	16.30	16.30	16.30	16.30	16.30	16.30	16.30
	17.40**	17.40**	17.40**	17.40**	17.40**	17.40**	17.40**
27.08.–28.10.	07.15** 10.10**	07.15** 10.10**	07.15** 10.10**	07.15** 10.10**	07.15** 10.10**	07.15** 10.10**	07.15** 10.10**
	10.30	10.30	10.30	10.30	10.30	10.30	10.30
	14.00**	14.00**	14.00**	14.00**	14.00**	14.00**	14.00**
	16.30	16.30	16.30	16.30	16.30	16.30 17.40**c	16.30 17.40**c	16.30 17.40**c
29.10.–23.12.	07.30** 07.30	07.30	07.30	07.30	07.30	07.30	08.30
	13.30	13.30	13.30	13.30	13.30	13.30	
	15.00**			15.30	15.00**	15.30	15.00**
							16.30

** zuschlagspflichtige Katamaran-Schnellverbindung
■ via Eemshaven (NL) nach Borkum (ermäßigter Katamaranzuschlag)

Weitere Fährabfahrten (vornehmlich Ferienbeginn / Ferienende Niedersachsen und Nordrhein-Westfalen) auf Nachfrage im Service-Center Emden unter der Rufnummer 01805/180 182* oder unter www.ag-ems.de.
*14 ct/min. aus dem deutschen Festnetz; Mobilfunk max. 42 ct/min.

カタマラン（双胴船）に乗船　エムデン外港～ボルクムフェリー埠頭

赤いL型ディーゼルがカラフルな客車10両を引き連れて入線

　フェリーターミナルのチケット売り場で往復乗船券を購入、往は"カタマラン"という高速船、明日乗船の復はフェリー、島の鉄道料金を含めて往復 48.2€。(カタマラン高速代として 11€を含む)

　エムデン外港(Emden Außenhafen)を 8:00 発のフェリーが先に出航、カタマランは 9:00 出航であるがフェリーを追い駆け、ボルクム埠頭には 10:00 同時着のダイヤ。　さてどちらが早いか！　ボルクム島の玄関口、フェリー埠頭(Borkum Reed)に定刻の 10:00 接岸したのは良いがフェリーが既に到着済、折り返しの便への乗船客でいっぱいである。　1993 年シェーマ社製造の赤いL型機関車(Schöma-Loks)、愛称ハノーファー(Hannover)が帰りの乗船客を乗せ入線、黄色い客車は自転車やベビーカー専用である。　列車後部には後押しの機関車がないので機廻し作業となり、後ろ向きスタイルとなる。　出発前のひと時、優しそうな機関士だったので日本から来たと挨拶し、運転室に上らせてもらった。

築堤自転車道

中間駅ですれ違い

機廻し完了　シェーマディーゼル機関車「ハノーファー(Hannover)」出発

エムデン外港 フェリーターミナル

カタマランはエムス河口を38ノット(70km/H)で驀進

Hinfahrt

Rückfahrt

Typ	Katamaran
Baujahr	1989
BRZ	435
Länge	36,10 m
Breite	9,44 m
Tiefgang	1,55 m
Geschwindigkeit	38 kn
Maschinenleistung	2 x 2.774 PS
Passagiere (max.)	272

MS „Nordlicht"

シェーマディーゼル機関車「ハノーファー(Hannover)」到着

ボルクム島　自然満喫ポタリング
ブロンプトン（駅のレンタサイクルも可）で島内周遊スローなワンデーコース（約4時間）

新灯台
Naudr Leuchtturm

北　海
Nordsee

カフェ・レストラン
Café Restaurant Ostland

お勧めのホテル
Upstalsboom See
Hotel

レストラン
Bauernstuben

レストラン・ビヤガーデン
Upholmhof Restaurant
und
Biergarten

海浜遊歩道
北海が一望

カフェ・レストラン

飛行場

レストラン
ビヤガーデン

堤防の上　自転車道

車庫

中間駅

緑の中
自転車道

ボルクム軽便鉄道(Borkumer Kleinbahn)

陸閘

ボルクム駅
Bahnhof

ヤーコプ・ファン・ディーケン・ヴェーク駅
Jakob-van-Dyken-Weg

路線距離：約7.3km, 軌間：900mm

新灯台からの展望

車庫

陸閘門
Deichtor

142

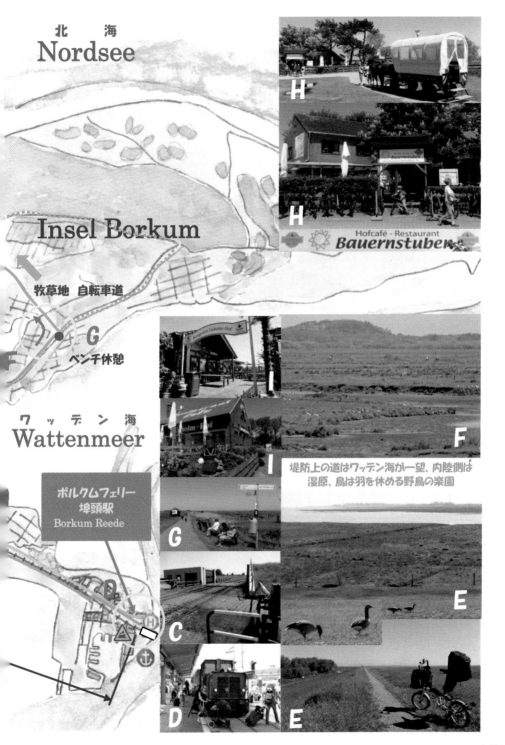

北海
Nordsee

Insel Borkum

牧草地　自転車道

F

G

ベンチ休憩

ワッデン海
Wattenmeer

ボルクムフェリー
埠頭駅
Borkum Reede

H

H

Hofcafé - Restaurant
Bauernstuben

I

I

G

C

D

F

堤防上の道はワッデン海が一望、内陸側は
湿原、鳥は羽を休める野鳥の楽園

E

E

街のメインステーション ボルクム駅(Borkum Bahnhof)
休暇を楽しむ人で賑やか 観光案内所で一休み

　駅舎は煉瓦色に統一されたアミューズメントパークの玄関口のような雰囲気を持ち、ベルギーかオランダにいるかのような錯覚に陥る。駅舎内にはレンタルバイクショップ、オープンテラス席のあるカフェ・レストラン、DB チケット売り場、薬局、土産物店、カジノまで至れり尽くせり。路線を隔てて対面に観光案内所、その横にはお手洗い、緑いっぱいの中でベンチ休憩できる公園もあり、スーパマーケットで買い物して休憩に最適。

シェーマ社製造のディーゼル機関車　愛称：エムデン

カラフルな客車は 10 両編成

フェリー埠頭(Borkum Reed)に向け出発

144

埠頭駅を出発、列車は道路と並行に長い築堤の上を走る。ワッデン海に面した干潟の自然豊かな湿地には、鳥達が羽を休めている。　間もなく津波や高潮から守るために堤防に築かれた陸閘(Deichtor)を通過、森の中を進むと、中間停留所、埠頭行きの列車とすれ違う。　この小さな島で複線なのにはびっくりだが観光客が多いからなのだろう。　ボルクム駅到着。

中間駅で擦れ違い

観光案内所はパンフレットが充実

観光案内所の前から駅舎全景

ボルクム駅(Borkum Bahnhof)、新灯台(Naudr Leuchtturm)から
北海に面した保養海浜エリアへ、海浜プロムナード(遊歩道)を歩こう!

　駅舎横のビスマルク通り(Bismarckstraße)にあるアイスカフェ・フローレンツ(Eiscafe Florenz)で休憩、駅の裏手シュトラント通りには 1879 年煉瓦造りの新灯台(Neuer Leuchtturm)があるので上ってみよう。 約300 段の階段を上りきると、ボルクム島全景を望める絶景展望である。 今日の宿泊ホテル(Inselhotel Rote Erde)前のシュトラント通り(Strandstraße)を進むと、北海に面する海浜遊歩道がある。 砂浜にはシュトラントコルプというビーチチェアがカラフルに並んでいる。 所々にビーチチェア貸出(約 10€/日)管理小屋がある。 北海のビーチ風に癒されるひと時であった。

STRANDKORBVERMIETUNG
Vermietergemeinschaft Süd
Badefeld - Spielplatz

Tage	Strandzelt	Strandkorb
1	9 €	10 €
2	14 €	18 €
3	20 €	26 €
4	26 €	34 €
5	32 €	42 €
6	38 €	50 €
7	44 €	58 €
14	79 €	107 €
21	114 €	149 €

Zwischenpreise bitte beim Vermieter erfragen!
Liegestuhl　2€/Tag

海浜遊歩道から北海を望む

ビーチチェア貸出管理小屋
新灯台(Neuer Leuchtturm)

日光浴と北海からの風除けチェア

NEUER LEUCHTTURM

新灯台からの展望　ボルクムフェリー埠頭方面を望む

146

お勧めのホテル
Inselhotel Rote Erde

新灯台
(Neuer Leuchtturm)

シュトランド通り
Strandstraße

展望広場エリア

砂浜ビーチにはシュトランド通りを

ビスマルク通り
Bismarckstraße

商店街ショッピングエリア

駅舎と周辺エリア

車庫

海浜遊歩道
北海が一望

ボルクム 駅
Borkum Bahnhof
DB チケット売り場
レンタル自転車店

ボルクム埠頭
フェリーターミナルへ

休憩お勧めの公園
ベンチ、横に i WC

FLORENZ

駅の Eiscafe Viavai

ビスマルク通り Eiscafe Florenz

IN ALLEN ZÜGEN
genießen

到着・出発と忙しい仕事をこなす
シェーマ社のディーゼル機関車 愛称：アウリッヒ

147

ボルクム軽便鉄道　撮り鉄ポイント（中間駅〜陸閘〜築堤〜埠頭までの間）
蒸機も走る運行日、持参の相棒ブロンプトン（ボルクム駅でレンタサイクルも可）でお出かけ！

　さあ、自転車を駆使して撮り鉄ポイントを探すにはもってこいのポタリング日和だ。ボルクム駅とフェリー埠頭の中間停留所であるヤーコブ・ファン・ディーケン・ヴェーク(Jakob-van-Dyken-Weg)で列車を狙う。　この駅は南海水浴場(Südbad)に近いこともあり滞在形のペンション等があるようで、大きなキャリーバッグを持つ乗客の乗り降りがある。　次に向かったのが路線と堤防が交差する陸閘(Deichtor)。　この閘門の上からの撮影が素晴らしく、ボルクム駅とフェリー埠頭駅からやってくる

双方の列車を撮影でき、この日は蒸機の運行日だったので蒸機の撮影に成功。　蒸機の運行日なのだが何時走るのかパンフレットに記載がない。　駅の案内で聞くしかないので注意が必要。
　蒸機は 1940 年、Orenstein & Koppel 社製造、1941〜1962 年までこの島で「ドラルト(Dollart)」の愛称で稼働、一時島内で静態保存されていたが、島の鉄道を観光の目玉とする試みで 1996 年に再復活を果たした。　石炭から軽油焚きに改造、「ボルクム 3 世(Borkum III)」として活躍中。

陸閘を走るシューマティーゼル機関車（ボルクム駅から）

Jakob-van-Dyken-Weg停留所（中間駅）

中間駅での発車合図は
名物金髪車掌

ボルクム3世（BorkumⅢ）蒸気機関車

ボルクム駅行き最後部

陸閘を走るボルクム3世蒸気機関車 （フェリー埠頭から）

149

ランゲオーク島鉄道(Inselbahn Langeoog)
鉄道が走る東フリースラント諸島の 3 島中で、最も短い路線

www.inselbahn.de
www.langeoog.de

　ランゲオーク島は厳しい自然に晒され続けてきたにもかかわらず、現在まで海岸に治水構造物を設けていない、東フリースラント諸島で唯一の島でもある。　全長 14 kmにわたり自然の海辺、砂浜が続く。　北海の外洋側は砂丘が自然の防波堤、ワッデン海側は土手が高波から守っている。

　ニーダーザクセン・ワッデン海国立公園の手つかずの自然が残る島内には、町営でフェリー連絡用に運行されているランゲオーク島鉄道(Inselbahn Langeoog)。　長さ 3.62 kmの鉄道は、1901 年に馬車鉄道として運行を始めたもので、メーターゲージ、軌間 1000mmの線路を走った。　今は、フェリー埠頭から町の入り口駅までの長さ 2.6 kmをつないでいる。　列車はボルクム島と同様、カラフルな古典風デッキ付き客車を 5〜6 両連結し、なんとその内の一両がお年寄りや身障者、子供連れのお母さんに優しい、乗り降りの段差がないバリアフリー仕様となっている。　前後に L 型ディーゼル機関車(シェーマ・ロコ Schöma-Lok)を配置し、機廻しの必要がなく、プッシュプル運転を可能にした 2 編成保有している。

　本土フェリー乗り場や島内町の入り口駅での受託荷物、キャリーバッグやベビーカー、自転車等を運ぶキャスタアー付き簡易コンテナーを載せるオープン貨車(長物車)も連結され、ホームと貨車の床面が同レベルにし、作業性を容易にしている。

　ランゲオーク島は自然環境に配慮して、自動車乗り入れ禁止区域となっているが、2008 年に貨物輸送のみ道路に移され、カーゴトレーラー方式、島内は当然電動牽引車となり、島内鉄道の大きな貨車ヤードが廃止されている。　ランゲオークの島内鉄道はボルクムに似て、1994〜95 年製のシェーマ・ディーゼル機関車全 5 両と、同時期の旅客列車編成を所有している。　色についてもボルクムと類似点がある。　すなわち、機関車は赤色で、客車は多彩な色でカラフルに塗装されている。　さらに、新しいシェーマ・ディーゼル機関車 2 両が追加導入されて今も供用されている。

　フェリーは満員の乗船客を乗せベンザージール港を出港、干満の差が大きいので、人工の防波堤が作られ、水底を確保した狭い運河のような水路を慎重に航行するが、ワッデン海の沖合に出ると、急に速度を上げ、航路を右にとると間もなく島の埠頭に着く。

　埠頭にはランゲオーク島鉄道が接続しており、赤いシェーマディーゼル機関車(CFL250 型)の牽引する列車が待ち受けていた。

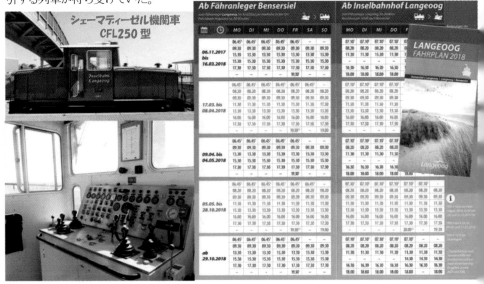

ランゲオーク島鉄道
(Inselbahn Langeoog)

北　海
Nordsee

ランゲオーク
Langeoog島

ランゲオーク駅

フェリー埠頭駅

ワッデン海
Wattenmeer

ベンザジール
Bensersiel港

路線バス(K1)

エセンス
Esens

エセンス
Esens駅

DB

ブレーメン
Bremenへ

ベンザジール港のフェリーターミナル

フェリー乗り場

出港

2階デッキも満席

運河のような水路を抜けると
ワッデン海

今回は 7:42 発エムデン中央駅から DB 鉄道でノルデン駅へ。路線バス(K1 系統)に乗り換え、本土からランゲオーク島への玄関港ベンザージール(Bensersiel)に 9:09 着となり、鉄道とバスで約 1 時間 30 分。

ベンザージール港チケット売り場で、フェリーの往復運賃は 25.2€ なのだが、今日は日帰りチケット (Tageskarte)22.5€を購入(島の鉄道料金を含む)。切符はなんと名刺サイズのプラスチック製磁気カード。どうやら使い回しのようで、写真を撮っておいたので良かったが、やはり帰りのベンザージール港の自動改札で回収されてしまった。 所要時間は船と鉄道で約 1 時間。

フェリーから鉄道に
乗り換え

ランゲオーク島への玄関口　フェリー埠頭駅

フェリー埠頭からランゲオーク島鉄道に乗車、車窓からの風景
町の散歩と町のシンボルでもある給水塔からの絶景

　1901 年馬車鉄道として運行を開始した歴史ある鉄道にしては、昔の面影はない。　鉄道ファンにとっては残念だが、赤い可愛らしい L 型シェーマディーゼル機関車(Schöma-Lok)がアミューズメントパークに連れて行ってくれるようだ。　埠頭駅の自慢は、駅全体を見渡せる歩行者専用の跨線橋である。　出発すると直ぐに右カーブ、フリントヘルン防潮堤(Flinthörndeich)の陸閘を通過、その先に広がるのはタンポポや草花で黄色に染まった広大な牧草地、馬がうつむいてひたすら草を食む光景が見られ、路線は一直線の港通り(ハーフェンシュトラーセ Hafenstraße)に沿って進むと町が見えてくる。　埠頭からランゲオーク駅まで約 3.62 km、乗車時間約 10 分、短いが島の鉄道はトコトコと癒されること請け合いである。

　駅からハウプト通り(Hauptstraße)を進むと、まさに休暇リゾート地にふさわしいショッピング街がある。　その前方の小高い丘(砂丘)の上に町のシンボルとなっている給水塔(Wasserturm)、町側の眺めは絶景、北海側には植生に覆われた海岸砂丘があり、この砂丘の高さは 20m にも達するそうだ。　中を通る遊歩道の先には全長 14 km の砂浜が続く。

フリントヘルン防潮堤(Flinthörndeich)の陸閘

陸閘
フェリー埠頭駅へ

ランゲオーク駅へ
(町の玄関)

埠頭駅

牧草地

草を食む馬

飛行場

給水塔から北海側は、植生に覆われた海岸砂丘

152

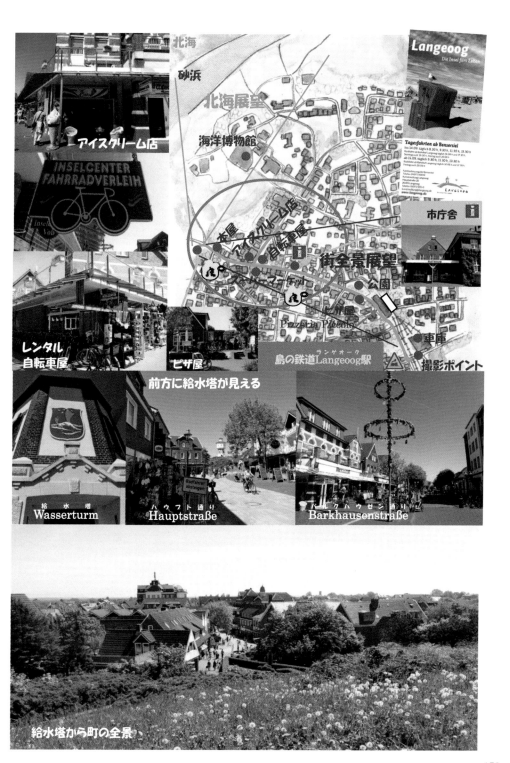

北海

砂浜

北海展望

海洋博物館

アイスクリーム店

INSELCENTER
FAHRRADVERLEIH

Langeoog
Die Insel fürs Leben

Tagesfahrten ab Bensersiel

市庁舎

衣屋
アイスクリーム店
自転車屋
街全景展望

レンタル
自転車屋

ピザ屋

公園

車庫

Pizzeria Piccolo

島の鉄道Langeoog駅

撮影ポイント

前方に給水塔が見える

給 水 塔
Wasserturm

ハウプト通り
Hauptstraße

バルクハウゼン通り
Barkhausenstraße

給水塔から町の全景

153

ランゲオーク島鉄道(Inselbahn Langeoog)
町の玄関口　ランゲオーク駅のウオッチング

　駅舎はリゾート地の玄関口にふさわしい建屋である。　2008 年までは貨物の取り扱いがされていたが、貨物輸送のみ道路運搬に移された。　本土フェリー乗り場や島内の玄関口であるランゲオーク駅での受託荷物のみの扱いとなっているためか、荷物扱いの作業スペースがひっそりしている。　駅舎内には、満潮時だろうか波しぶきを受けながら桟橋を移動する馬車鉄道。船から下り桟橋を歩く、乗船客の貴重な写真が展示されている。　駅前の広場には日本のリヤカーのそっくりさんが数台立てかけられ、荷物が多い時には借りられるようだ。

駅前の公園のベンチ

ランゲオーク駅に到着

SCHÖMA Christoph Schöttler GmbH 49356 Diepholz/Germany

Inselbahn Langeoog

ランゲオーク駅舎

受託荷物用
キャスター付きコンテナ

受託荷物用の
コンテナ積み込み長物車

154

北　海
Nordsee

ランゲオーク
Langeoog島

LANGEOOG
FAHRPLAN 2018
Bensersiel › Langeoog | Langeoog › Bensersiel

ランゲオーク駅

廃止路線

ワッデン海
Wattenmeer

Langeoog

ランゲオーク島
の島鉄道は
馬車鉄道を含
めて4路線は
廃止されている

駅舎内展示パネル

フェリー埠頭駅

本土間のフェリー

ランゲオーク島鉄道
(Inselbahn Langeoog)

ベンザジール
Bensersiel港へ

チケット売り場

受託荷物
カウンター

日本のリヤカーにそっくりさんは万国共通

Inselbahn

ランゲオーク駅　出発前の静けさ

155

ランゲオーク駅から近くの踏切 撮影ポイント
島の住民の移動手段は自転車、環境に配慮した生活スタイルが見て取れる

ランゲオーク駅を出て港通り(Hafenstraße)を徒歩で約10分、町の外れに踏切がある。 ちょうど車庫の裏手の道、ポルダー通り(Polderweg)で陣取る。 横は公園なので気持ちが良く、列車を待つ間に自転車、馬車、幼稚園児の散歩と、島の住民の生活が垣間見られる。 フェリーの発着時刻に合わせて列車ダイヤを組んでいるのだが、埠頭駅で見かけた後発準備中のもう一列車が待てど暮らせどやって来ない。 ランゲオーク駅から埠頭駅に向かう列車がやっと来たぞ！ 受託荷物のカラフルなクローズカゴコンテナと業務用だろうか、オープンコンテナも積載している長物車を先頭にこれまたカラフルな客車6両の計7両編成、最後尾には埠頭駅で機廻しをしなくて済むようにディーゼル機関車を連結している。 結局、埠頭からのもう一列車がやって来なかったのが不思議発見である。 乗客が乗り込んでいたが待たされ可哀そう。 こちらもだが。

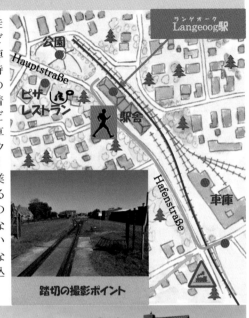

踏切の撮影ポイント

ランゲオーク駅を出発し、踏切に差し掛かる埠頭行き

自然環境に配慮して島内ではガソリン自動車
は禁止され、電動カーゴトレーラーが大活躍

シュピーカーオーク島は、ランゲオーク島とヴァンガーオーゲ島の間に位置する総面積 18.25 k㎡の小さな島で、東フリースラント諸島の島としては珍しく緑に覆われている。　この島はニーダーザクセン・ワッデン海国立公園の中にあり、家具や床材に使われるオーク(日本名：楢)や常緑針葉樹のオウシュウクロマツといった典型的な高木、夏の砂丘では野生のバラが見られる。　その砂丘は風と潮汐により、砂丘の景観が常に変化しているそうだ。

この島でも自然環境に配慮して自動車は禁止されている。　基本的に島内の移動は徒歩だが荷物運搬等の作業車は全てトレーラー牽引の電動車である。　乗船したフェリー客では、私を含め数人が自転車を島に持ち込んでいるが、島の中で乗る人はほとんど見かけなかった。　島の住民は徒歩で十分生活できる広さなのであろう。

今のシュピーカーオーク島では、島の鉄道は廃止されてしまい、もはや鉄道を見ることはできない。　ここでの列車運行はすでに 1981〜82 年に廃止され、その代わりに干潟を切り込んで新しい港が作られた。　しかし、近年環境意識が高まり、他島では廃止された鉄道路線は島の環境保全と自然保護を守りながら、休暇リゾート地として共存できたことを知り、今ではこの島の人々はこの措置を大いに悔やんでいる。　愛らしい鉄道が観光資源として認識されていなかったのである。

しかし、保存馬車鉄道として 1981 年に復活し、4 月中旬から 10 月中旬までの季節運行だが、1885 年馬車鉄道の開業当時を忍ばせてくれるのだ。　ともかくシュピーカーオークでは現在、残存する線路を走るドイツで唯一の保存馬車鉄道が見られる(注：ドイツの保存馬車鉄道はザクセン州デーベルン(Döbeln)にもある)。　ちょうど 132 年前に島で鉄道運行が始まったときのように、シーズン中、馬がレール上の車両を牽いて走る。

島へのフェリー運賃は往復(運賃 30.9€　現金のみ、カード支払い不可)を購入、ボルクム島と同様に自転車は折り畳み、カバーを被せ、キャスター付きなので転がしながら船に乗り込もうとしたら、船の傍で受託荷物を入れたコンテナを船への積み込み中の作業員から、自転車チケットを購入するようにストップをかけられた。　チケットカウンターに戻り自転車チケット 30.9 €を購入、なんと人間様と同じ運賃なのにはびっくりである。　要は、この島では自転車を持ち込む場合、持ち込み料金がかかるという訳だ。

http://inselmuseum-spiekeroog.de

干潮と満潮が繰り返され、海底までの深さが変化するため、季節や時間帯によって船の運行ダイヤが変わるので注意が必要である

www.spiekeroog.de

シュピーカーオーク
Spiekeroog島への本土側出発フェリー乗り場　Neuharlingersiel Anleger
ノイハルリンガージール　アンレーガー

乗船開始、受託荷物コンテナ積み込み

ノイハルリンガージール　アンレーガー
Neuharlingersiel Anleger港

DIE SPIEKEROOGER

運河のような人工水路を航行し、ワッデン海へ

自転車コンテナ　　シュピーカーオーク島着

荷物受取り

本土のノイハルリンガージール・アンレーガー(Neuharlingersiel Anleger)フェリー乗り場を出港、
シュピーカーオーク島のフェリー埠頭に接岸する。　村の中心には徒歩約 10 分のウオーキング

159

馬車鉄道(Museumspferdebahn)は 1885 年開業
1949 年ディーゼル気動車化され運行したが 1981 年廃止、同年に保存馬車鉄道として復活

　シュピーカーオークの博物館協会のホームページに"ロマンティックな古い馬車の鉄道をお楽しみください"との案内がある。ドイツで馬が引っ張っている唯一の鉄道のようだ。 路線は旧駅から島の西端にあるヴェステント(Westend) までの約 1 ㎞、乗車は約 12〜15 分と短いが、乗ってみると時間が止まったかのように馬は 1885 年に開業した当時の線路をきしませながらスロースピードで引っ張るので、長く感じる。 運行は 4 月中旬〜10 月中旬までの季節運行、出発は毎日 13:00,14:00,15:00,16:00 の 4 便となり、運賃は 3€/片道(往復 4€)である。 なんと犬も乗れるようである(運賃 2€)。

　協会が運営する博物館は、歴史ある村の中心、村役場広場(Rathausplatz)にあり、1715 年の昔にに建てられた船長の家だそうだ。 この博物館は島の自然と歴史について、私達に大切さを語ってくれる。 開館は復活祭の初めから秋の休暇までの期間、火曜から日曜日の 15:00 から 17:30、入館料 2€となっている。 今回は日帰りだったので訪れることができなかったが、島に宿泊した時には是非立ち寄りたいスポットである。

　ノイハルリンガージール・アンレーガーを 9:45 出港、乗船時間 55 分、10:35 シュピーカーオーク島埠頭に着岸。 乗船客は皆歩いて町中に行くのだが、荷物が多い時にはキャリーワゴンを(Bollerwagen)借りることができる(5.5€/ 日)。　　http://inselmuseum-spiekeroog.de

　馬車鉄道の出発 13:00 まで 2 時間以上もあるので、先に馬車鉄道旧駅(出発駅)の場所を確認。町中散策と洒落込もう。 埠頭から道なりに歩くと市庁舎広場、左折すると旧廃線跡の道だろうか、奥に見えるのが馬車鉄道の乗り場である。

今日の運行時刻表の案内

自然いっぱいの牧草地

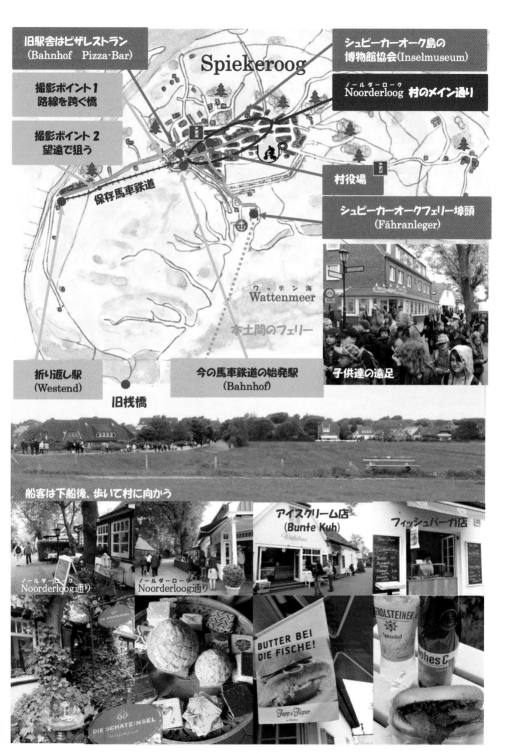

旧駅舎はピザレストラン
（Bahnhof　Pizza-Bar）

撮影ポイント1
路線を跨ぐ橋

撮影ポイント2
望遠で狙う

Spiekeroog

シュピーカーオーク島の
博物館協会(Inselmuseum)

ノールダーローク
Noorderloog 村のメイン通り

保存馬車鉄道

村役場

シュピーカーオークフェリー埠頭
（Fähranleger）

ワッデン海
Wattenmeer

本土間のフェリー

子供達の遠足

折り返し駅
（Westend）

旧桟橋

今の馬車鉄道の始発駅
（Bahnhof）

船客は下船後、歩いて村に向かう

アイスクリーム店
(Bunte Kuh)

フィッシュバーガ店

ノールダーローク
Noorderloog通り

ノールダーローク
Noorderloog通り

BUTTER BEI
DIE FISCHE!

161

保存馬車鉄道(Museumspferdebahn)
島の大切な鉄道遺産　当時の頃と今も変わらない！

　13:00 の第一便、馬車鉄道の出発まではカフェタイム。お隣のピザレストラン"駅舎"(Bahnhof Pizza-Bar)の屋外テラス席で休憩なのだ。　ここは馬車鉄道の出発・到着の様子が見渡せる絶好カフェテラス、建屋には当時の馬車鉄道の壁画(写真)があり雰囲気は盛り上がる。　さあ、乗車しよう。　定員 16 名で満席となったが、あと 4〜6 名立ち席も良いようだ。　運賃 4€(往復)は馬車の主人に手渡しである。　馬は白と黒の 2 頭が待機している。今日の担当馬は優しそうで癒される茶色の島模様のあるポニーの白君である。　足は太くて力強い。　約 1 km 先のヴェストエント(Westend)駅まで約 12〜15 分、長閑な牧草地の中を北海の香り風を感じながら、癒されること請け合いである。　折り返し駅では、ポニー白君と主人のほのぼのとした会話を聞くことができた。

よく頑張ったなあ！美味しいニンジン買ってやるから、もうひと頑張りだ

間もなく出発　満席である

折り返しのヴェストエント駅

馬車鉄道駅を出発

自然いっぱいの牧草地

ポニーが引いてくれる馬車鉄道は
島の鉄道遺産

163

　ワッデン海の保養地とも呼ばれるヴァンガーオーゲ島。東フリースラント諸島の東端で、ニーダーザクセン・ワッデン海国立公園の真っ只中にある。　島自慢の特徴、一つは島のリゾート地にふさわしい日光浴や海水浴場の白い砂浜と砂丘があること。　もう一つは地形上の興味を惹かれる海岸にある湿地・沼地である。　海に近いため潮汐の影響により、時間帯で塩水に冠水するか、または陸地となる地形である塩性湿地が見られることである。　この島では、6時間ごとに干潮と満潮が繰り返され、海底までの深さが変化するため、季節や時間帯によって、フェリーの運行ダイヤが変わるので注意が必要である。

　自動車が禁止されているこの島では、歩行者に優しい保養地であり、島の端から端までの 8 kmを短時間で踏破でき、自転車で北海からの癒し風を感じるのも良い。　また、港から島内のヴァンガーオーゲ駅までは、100年以上の歴史がある島の鉄道(1897年開業の Inselbahn Wangerooge、軌間 1000mm、路線長さ 3.5 km)で移動できる。

　この島内鉄道(DBAG-Inselbahn auf Wangerooge)は、フェリー航路と一体で珍しくドイツ鉄道(DB:Deutsche Bahn)が運営しているので、パンフレット、ディーゼル機関車や客車、チケット売り場等では、お馴染みの DB マークが良く目立つ。

　鉄道は 1897年、まだオルデンブルク大公国(Großherzogtums Oldenburg)の時代に製造され、長い間、ドイツ帝国鉄道(Deutsche Reichsbahn)から連邦鉄道(Bundesbahn)を経てドイツ鉄道会社(Deutsche Bahn AG)まで、ずっと国の手中に残されてきた。　現在は DB 長距離輸送(DB Fernverkehr)に属している。

　路線長さ約 3.5km のこのメーターゲージの鉄道の特殊な歴史は、しばしば他の DRG(帝国鉄道

大きくカーブしながらワッデン海に面した干潟を走行

Wangerooge **Fahrplan 2018**
Fahrzeit Tidebus 50 Minuten, Schiff und Inselbahn ca. 90 Minuten.

フェリーターミナルである西埠頭にもう直ぐ着岸、
ヴァンガーオーゲ島鉄道が待っている

会社）や DB の狭軌鉄道でかつて使われていた車両で構成される車両群に今もよく表れている。現在は、1992 年製ヴィッテンベルゲ国営鉄道修理工場（旧 東ドイツ）(Raw Wittenberge)の客車14 両で運行が賄われている。 機関車としては、1999 年製シェーマ機関車 2 両とやや無骨な風貌のルーマニア製 3 軸ロッド駆動式ディーゼル機関車 2 両が使われている。 4 両の機関車はすべてDB 399 形に属する。

　ヴァンガーオーゲ島内鉄道（Wangerooger Inselbahn）の他にはない特徴は、島のワッデン海側で塩沼を通るルートである。 前後にディーゼル機関車を配置したプッシュプルスタイルの列車は、ドイツの国立公園であるニーダーザクセン・ワッデン海自然保護区（ Naturschutzgebiet Niedersächsisches Wattenmeer)の究極の静けさの中にある海鳥の営巣地の真ん中をゴトゴトと走る。 満潮時には、水が線路の周りを洗い、列車が波を掻き分けて進まなければならないことがよくあった。 最近ようやく線路がかさ上げされたようだ。
また、この島内鉄道で注目すべきものに、西へ分岐する支線もある。 これは子供達の林間学校の利用に必要な路線で、不定期だが旅客列車も通る。

ヴァンガーオーゲ(Wangerooge)島行きのフェリーに乗船
北海からの激風と、北の島の寒さを実感できた船旅

　ヴァンガーオーゼ島行きのフェリー乗り場はハルレジール(Harlesiel)港。ターミナル横に以前使用されていた 2 軸 L 型ディーゼル機関車と客車が静態保存展示されている。　正面に何やら赤いコンテナがある。受託荷物の預かりカウンタ(Gepäckannahme)のようだ。　輪行カバーを被せて折り畳んだ自転車を預ける(往復 6.9€)。　身軽になったところで、ターミナル内のチケットカウンターで往と復の乗船日を指定し乗船券を購入(35.1€)。　ランゲオーク島フェリーと同様プラスチック製の磁気カード、慣れているのでびっくりはしない。　乗船開始。北海らしい激風と寒さで、乗船した客は皆船内に入ってしまい席は満席である。　ダウンジャケットを着こんで 2 階のデッキ席に向かう。ワッデン海は北海バージョンで荒々しいが、ここ東フリースラント諸島らしさを体感できた。

クレーン荷下ろし
長物車に積み込み

船名:ヴァンガーオーゲ(Wangerooge Carolinensiel)
ヴァンガーオーゲ島　西埠頭に接岸

積み込み完了後
バックし連結

なんと、後ろ押しプッシュ運転で町の
ヴァンガーオーゲ駅に向けて発車

ヴァンガーオーゲ島　フェリーターミナル西埠頭では、客車 6 両が待ってくれているのだ

前方にヴァンガーオーゲ島の西塔

ハルレジール港のフェリーターミナル

受託荷物の預かりカウンタ

ヴァンガーオーゲカード

Banderole bitte nicht entfernen!
Gepäck Nr.

H+R
Gepäck Nr.
014193
6,90 €

Gepäck Nr.
014193
Gepäck Nr.
014193
R

自転車預かりタグと引き換え券

wangeroge
0100107091

GEPÄCKANNAHME

11:30 発のフェリーに乗船

乗船口はアーム回転式で合理的

お隣の島、シュピーカオーク島へのフェリー乗り場があるノイハルリンガー港には、旧港も保存され、ホテルやカフェがあり宿泊がお勧め、路線バス（K1 系統）でハルレジール港へ 15 分

　後方にフェリーターミナルの西埠頭(Westanleger)駅が見える。　ここは自然保護のため人は立ち入り禁止、列車だけの特権でもある塩性湿地の中を走る。　鳥達が機関車音にびっくりして、一斉に飛び立ったのをカメラが捕らえる。　まさにワッデン海は自然の宝庫であると実感する瞬間である。　湿地の中に小さな橋が架けられ、後ろから追いかけてくる貨物列車をデッキから眺めると、湿原の池の中を渡っているような錯覚の光景が見られた。　途中、分岐点を通過するが、子供たちの林間学校の貸し切り列車が、ときおり夏季シーズン中に運行、スイッチバックして支線を走り、島の西にあるヴェステン(Westen)駅に向かう。　本線は陸閘を抜け、ヴァンガーオーゲ駅に到着。

鳥たちが飛び立つ

ヴァンガーオーゲ駅　列車交換

フェリーターミナルの西埠頭を出発

受託の荷物の降ろし作業中

ヴァンガーオーゲ駅

Gepäcka ısgabe hier

Gepäckannahme nur vom Bahnhofsvorplatz

貨物列車も時折り走る

ヴァンガーオーゲ島西埠頭で待機していた貨物列車の運転士に声を掛け、機関室を撮影できた。 この3軸 L 型ディーゼル機関車はルーマニア製、1990 年製造、型式 399 105-6 号機、この機種は 2 両在籍している。 私達の客車を牽引する旅客列車は 2 軸 L 型シェーマ(Schöma)社製、1999 年製造、型式 CFL150 98 80 3399 108-0 号機、この機種も 2 両在籍している。 双方とも比較的新しい機種だが、DB の標準色の赤が島の鉄道に良く似合う。

貨物列車

DB
98 80 3399 108-0 D-DB

DB
399 105-6
DB Fernverkehr AG
Standort: Wangerooge

K-P mZ 16t P 13t

ワッデン海の塩性湿地を走る、ヴァンガーオーゲ島の島鉄道
ドイツ鉄ちゃんに人気の撮影ポイントは 駅から歩いて5分と近い堤防上の遊歩道

　ヴァンガーオーゲ駅から左へ、アム・ヴァッテンメーア(Am Wattenmeer)通りを進むと陸閘(開門)が見える。　直進し堤防上の遊歩道を5〜10分歩くとお目当ての撮影ポイント。ベンチ休憩しながら列車を狙える。　塩性湿地を長編成で走る定期運行の旅客列車だけでなく、時折貨物列車が走るので島の鉄道らしい撮影ができる。　ドイツパンをかぶりながら根気よく待とう。

塩性湿原の盛り石路盤、小橋を走りヴァンガーオーゲ駅に向かう列車

旅客列車の合間に、貨物列車が走る様は島の鉄道らしさが感じられる

ヴァンガーオーゲ駅からフェリーターミナル西埠頭に向かう列車

遠景に西塔（Westturm）

塩性湿原の盛り石路盤、小橋を走る

ヴァンガーオーゲ行き6両編成と最後尾は長物車

塩性湿地の自然は、島の鉄道とかもめは共存共栄、仲良しワッデン海のひと時

癒しの島散歩に挑戦

13:20 ヴァンガーオーゲ駅から撮り鉄ポタリングをスタートし、13:30 お目当ての撮影ポイントへ着いた。 堤防の上は北海からの寒い風の吹きさらし、ここで逃げるわけにはいかない。 ベンチと自転車を風除けにし、身をすくめて列車を待つこと数分、北の島らしいローカルな貨物列車が来たぞ。長物車に小さなコンテナを 3 個積載している。 ここからが撮影の本番、15:40 までの約 2 時間、風と寒さに戦いながらの撮り鉄タイムであった。 フェリー接続の定期運行旅客列車は時刻通りにやってくるが、貨物列車は何時来るかは分からない。 予想以上の成果を得たので、気を良くして島の周

Öffnungszeiten

旧　灯　台
Alter Leuchtturm

島の鉄道 支線
ヴェステン
Westen駅

ヴァンガーオーゲ灯台
Leuchtturm

遊歩道

支線(不定期、青少年の休暇林間学校への貸し切り)

遊歩道

売店

K

J

I

G

Westen

ベンチ休憩

遠くに西塔と灯台がそびえる

島のシンボル　西塔
ユースホステル

売店(Kiosk)

99 211

R.B.D MÜNSTER

Oldenburg H.

旧灯台敷地内に
蒸機の静態保存
1929 年ヘンシェル
(Henschel)社製造

フェリーターミナル
西埠頭駅

ワッデン海
Wattenmeer

西埠頭

囲の遊歩道を体験ポタリングしたのだ。 16:30 宿泊のホテル着まで、走行距離約 20 km、駅から休憩と撮り鉄タイムを含め約 3 時間、自然いっぱい緑の香り風サイクリングを楽しむ。 さあ、町の散歩。ショッピングや北海の砂浜を一望できるポイントで夕日を撮影しよう。

北海の砂浜一望

魚のハンバーガ店(Die Fischbar)

B

北　海
Nordsee

旧　灯　台
Alter Leuchtturm

A
北海の砂浜一望

Wangerooge

魚のハンバーガ店
スーパーマーケット

C

末線

陸閘

本線

ホテル
Haus Strandburg

ベンチ　遊歩道

自転車屋

売店

陸閘

車庫

撮影ポイント 塩性湿原
を走る写真が撮影できる

ワッテン海
Wattenmeer

島の鉄道　ヴァンガーオーゲ
Wangerooge 駅

ツェーデリウス通り
Zedeliusstraße

売店 Kiosk

車庫

自転車屋

駅の旧貨物ヤード

ヴェステン駅

牛の放牧地に鳥達の水場

173

東フリースラント沿岸鉄道(Küstenbahn Ostfriesland)
フリースラント(Ostfriesland)地方の保存鉄道
東フリースラント沿岸鉄道保存協会 www.mkoev.de
(MKO:Museumseisenbahn-Küstenbahn-Ostfriesland e.V.)

　ドイツ北の島、まるで真珠の首飾りの様に 7 島が連なる東フリースラント諸島(Ostfriesische Inseln)。 この島に渡るフェリーが発着する本土側の半島は、東フリースラント(Ostfriesland)地方と呼ばれる。 ここに東フリースラント沿岸鉄道"キュステン鉄道(Küstenbahn)"がある。

　DB のディーゼル機関車が牽引する保存鉄道は季節運行であるが、ノルデン(Norden)からドルヌム(Dornum)までの廃止された DB 所有の標準軌道路線 17 kmをのんびりと走る。

　列車は「ノルデン(Norden)」を出発すると城郭公園のリューテッツブルク森(Lütetsburger Wald)を通り、最初の中間停留所「リューテッツブルク城(Schloss Lütetsburg)」に停車。 まもなく、古い風車のある閑静な歴史ある市場町「ハーゲ(Hage)」である。 そこからベールム森(Berumer Wald)を通過すると、広大な東フリースラント湿地の風景に出会える。 数km走り、ヴェスターエンデ(Westerende)駅に停車すると、間もなく 17 世紀ごろに建てられたバロック様式の水城であるシュロス・ノルダーブルクとその庭園が素晴らしい古い栄光の町「ドルヌム(Dornum)」終着駅に達する。自転車専用の貨車も連結し丸ごと積み込めるので、列車旅とサイクリングを組み合わせて、変化に富んだ風景の中にたたずむ田舎町探訪や北海から届く東フリースラントの風を感じたい。

　運営するMKOは、冬場には一見レタスのような緑色野菜ケールがこの地域の特産野菜として知られる。この野菜に因んだケール列車(Grünkohl)。子供たちに人気の復活祭にはイースターの贈り物列車(Ostereiersuchfahrten)、サンタクロース列車(Nikolausfahrten)等の特別催行があり、毎年の定番でもある。 夏場では、ドルヌムでのバーベキューがセットになった夏の夜の特別列車も企画されている。

　さらに MKO はかつてのノルデン機関区(Bahnbetriebswerkes Norden)の敷地内にある古いノルデン機関庫(Norder Lokschuppen)で鉄道博物館を運営しており、協会の車両群はそこに置かれ、保守されている。 動態保存されている車両は、ディーゼル機関車 Köf6152 と V60 02、そのほかさまざまな車両や補助車両がある。 尚、この鉄道博物館の開館日は 7 月から 9 月の始め迄の毎日曜日、12:00～16:30 となっているので是非訪れたい。

　また、協会は列車旅や博物館の運営に加えて、約 170 人の会員で鉄道を運営しており、そのうち 50 人がさまざまな領域で積極的に活動している。 鉄道運営の計画と実行に加えて、彼らは車両群を保守し、将来使用するために車両の修復も行う。 MKO は、軌道、関連施設、協会所有の建物や、いわゆるインフラの整備にも責任を負っているのである。

Museumseisenbahn „Küstenbahn Ostfriesland e.V."

Fahrplan 2018

Abfahrtzeiten in Richtung Dornum

km	Zug Nr.	MKO 10	MKO 12	MKO 14	MKO 16
0	Norden ab (Gleis 3)	10:30	12:30	14:30	16:30
4,5	Lütetsburg ab	10:45	12:45	14:45	16:45
6	Hage ab	10:50	12:50	14:50	16:50
12	Westerende ab	11:02	13:02	15:02	17:02
17	Dornum an	11:12	13:12	15:12	17:12

Abfahrtzeiten in Richtung Norden

km	Zug Nr.	MKO 11	MKO 13	MKO 15	MKO 17
17	Dornum ab	11:30	13:30	15:30	17:30
12	Westerende ab	11:40	13:40	15:40	17:40
6	Hage ab	11:55	13:55	15:55	17:55
4,5	Lütetsburg ab	11:59	13:59	15:59	17:59
0	Norden an (Gleis 3)	12:12	14:12	16:12	18:12

Alle Züge (Dieselbetrieb) mit Fahrradbeförderung und Bewirtschaftung

Betriebstage / Veranstaltungen 2018

Januar	Mai	Juli	August	September	Dezember
01.01. Neujahrsfahrt * Montag	**01.05.** Maifeiertag Planfahrten	**01.07.** Sonntag Planfahrten	**01.08.** Mittwoch ** Planfahrten	**01.09.** Zieh die Lok * Samstag	**01.12.** Nikolausfahrten * Samstag
Februar	**10.05.** Himmelfahrt Planfahrten	**08.07.** Sonntag Planfahrten	**05.08.** Sonntag Planfahrten	**02.09.** Sonntag Planfahrten	**02.12.** Nikolausfahrten * Sonntag
11.02. Winterfahrt Planfahrten	**13.05.** Internationaler Museumstag *, Lokschuppen Norden	**15.07.** Sonntag Planfahrten	**08.08.** Mittwoch ** Planfahrten	**09.09.** Tag d. offenen Denkmals * Planfahrten	**07.12.** Fahrt zum Weihnachts- markt in Dornum
März	**20.05.** Pfingstsonntag Planfahrten	**18.07.** Mittwoch ** Planfahrten	**10.08.** Grillfahrt * Freitag	**16.09.** Sonntag Planfahrten	**08.12.** Nikolausfahrten * Samstag
03.03. Grünkohlfahrt * Samstag	**21.05.** Pfingstmontag Planfahrten	**20.07.** Grillfahrt * Freitag	**12.08.** Sonntag Planfahrten	**23.09.** Sonntag Planfahrten	**09.12.** Nikolausfahrten * Sonntag
April	**Juni**	**22.07.** Sonntag Planfahrten	**19.08.** Sonntag Planfahrten	**30.09.** Sonntag Planfahrten	**15.12.** Nikolausfahrten * Samstag
01.04. Ostersonntag Planfahrten	**03.06.** Sonntag Planfahrten	**25.07.** Mittwoch ** Planfahrten	**26.08.** Sonntag Planfahrten	**Oktober**	**15.12.** Fahrt zum Weihnachts- markt in Dornum
02.04. Ostereiersuch- fahrten* Ostermontag	**10.06.** Sonntag Planfahrten	**29.07.** Sonntag Planfahrten		**07.10.** Sonntag Planfahrten	
	17.06. Sonntag Planfahrten			**14.10.** Sonntag Planfahrten	
	24.06. Sonntag Planfahrten			**21.10.** Sonntag Planfahrten	

Museumseisenbahn
Küstenbahn
Ostfriesland

NORDEN · LÜTETSBURG · HAGE · WESTERENDE · DORNUM

Fahrplan 2018

M O K

Am Bahndamm 4 · 26506 Norden
Tel. 04931/169030
www.mkoev.de · mko@mkoev.de

キュステン 鉄道
Küstenbahn（沿岸鉄道） ドルヌム Dornum終着駅

175

東フリースラントキュステン（沿岸）鉄道
(Küstenbahn Ostfriesland)
保存鉄道の始発駅はノルデン(Norden)の町

　朝、余裕を持って DB ノルデン駅へ。少し北の踏切を渡り旧機関庫に向かう。　出発準備中の列車を撮影するためなのだ。　というのも機関士やスタッフに気軽に話しかけられたり、かけたりとちょっとした会話を楽しめる。　御多分に漏れず、準備で忙しいのに機関士から機関室に乗れと誘われ、機関士気分の写真を撮ってくれるというサプライズがあった。　ディーゼル機関車は V60 型 02 号機、3 軸ロッド連結タイプ、動態保存され特別運行日にはレトロな客車、貨車を牽引する。　飲料品や食料等の車内販売用と自転車専用の貨車 2 両を連結、レトロな客車が 3 両の計 5 両編成である。　準備が整い次第、DB ノルデン駅の 3 番ホームに移動する。　1 番ホームには保存鉄道専用のチケット売り場で購入し待つこと数分、来たぞ！

ノルドダイヒ・モレ
Norddeich Mole駅

リューテツブルク城
Schloss Lütetsburg駅

ハーゲ
Hage駅

Norddeich

DB

東フリースラント

ベールム森

Norden

Hage

Lütetsburg

Museumseisenbahn
Küstenbahn Ostfriesland

Rückfahrkarte

Gesamtstrecke
Norden - Dornum
und zurück
(oder umgekehrt)
Erwachsene(r)
Fahrpreis:　8,00 €

8 - 0528

① N L H W D

旧機関庫

保存鉄道始発駅

DB　エムデン
Emdenへ

ドイツ鉄道 DB
東フリースラント沿岸鉄道
ノルデン
Norden駅

176

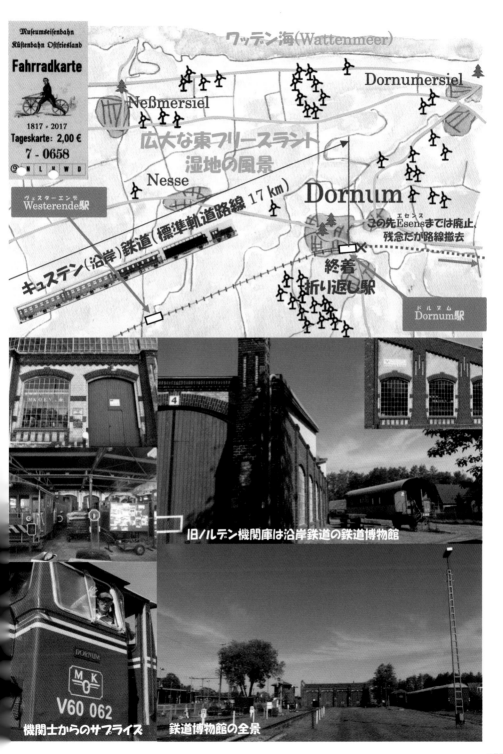

ワッデン海(Wattenmeer)

Neßmersiel

Dornumersiel

広大な東フリースラント
湿地の風景

Nesse

ウェスターエンデ
Westerende駅

Dornum

キュステン(沿岸)鉄道(標準軌道路線 17 km)

この先Esensまでは廃止、
残念だが路線撤去

終着
折り返し駅

ドルヌム
Dornum駅

旧ノルデン機関庫は沿岸鉄道の鉄道博物館

DORNUM

MAK
V60 062

機関士からのサプライズ

鉄道博物館の全景

177

　オランダとの国境に近い東フリースラント地方は古くからオランダからの影響を受けて独自の文化が築かれた。　それは東インド会社により輸入された紅茶がオランダ経由でこの地方にいち早く入り、訪れる人にお茶を出す習慣が今なお生き続けていること。　紅茶文化発祥の地なのだ。

　ノルデンの町を散歩して見よう。　駅を出てバーンホフ通り(Bahnhofstraße)を右に行くと、道を挟んで両側に風車が現れる。　右手の複合総合施設であるスーパーマーケット裏手にフリージア・ミューレ(Frisia-Mühle)、この風車の 1 階は貝殻博物館(Muschelmuseum)となっている。　左手にはダイヒミューレ(Deichmühle)、この風車は無料で内部の見学ができお勧めである。

　ブルクグラーベン(Burggraben)通りから右に分岐するノイアー通り(Neuer Weg)に入る。　ノルダー・ティーフ川に架かる橋を渡り、進むと賑やかな商店街、オープンテラス席でカフェやランチを楽しみたい。　左折、アム・マルクト(Am Markt)には観光案内所 ![i]、教会、マルクト広場、市庁舎が現れる。　ノルデン駅から続くメイン道路のロータリーに出ると、対面には東フリースラント地方お茶博物館(OstfriesischesTeemuseum)がある。

東フリースラントお茶博物館
(Ostfriesisches Teemuseum)

フリージア・ミューレ
(Frisia-Mühle)

貝殻博物館
(Muschelmuseum)

レストラン
"Smutje"

フリージア・ミューレ
(Frisia-Mühle)

Deutscher Mühlentag
21. Mai 2018

今日は
風車祭りの日

東フリースラント地方お茶博物館
(OstfriesischesTeemuseum)

ダイヒミューレ
(Deichmühle)

保存鉄道博物館
(DB 旧機関庫)

DB ドイツ鉄道 DB
東フリースラント沿岸鉄道
ノルデン(Norden)駅

旧機関庫

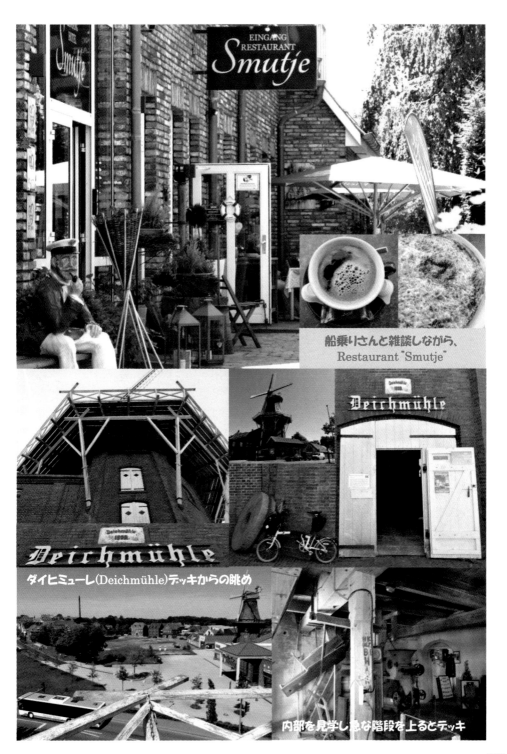

船乗りさんと雑談しながら、
Restaurant "Smutje"

ダイヒミューレ（Deichmühle）テッキからの眺め

内部を見学し急な階段を上るとテッキ

ドイツ鉄道(DB)のノルデン(Norden)駅3番線、ディーゼル機関車(V60 062号機、1963年ベルギーのBN社(La Brugeoise et Nivelles)製造、650PS)が今日の主役である。 レトロな客車を牽引し入線してきた。 朝一番に旧機関庫を訪れると、出発の準備で忙しいのに「機関室に乗れ」と誘ってくれた機関士が今日の運転担当なのだ。 手を振って挨拶をする。 自転車専用貨車が連結され、サイクリストも多く乗車する。 ノルデン駅を10:30に発車、ドルヌム駅11:12着の約40分の乗車、約17 km、保存鉄道の旅である。 路線は東フリースラント地方のワッデン海に近い内陸部を一直線に進み、リューテッツブルク(Lütetsburg)駅、ハーゲ(Hage)駅に停車する。 車窓からは木漏れ日の射す森や広大な牛の放牧地、風力発電のプロペラ群と飽きることはなく、列車はトコトコ走るのだ。

間もなくLütetsburg駅

Hage駅

木漏れ日の森　　　牛の放牧地　　　風力発電

Norden駅の3番線から出発

Museumseisenbahn
Küstenbahn Ostfriesland
Fahrradkarte

1817 - 2017
Tageskarte: 2,00 €
7 - 0658

先頭はディーゼル機関車

貨車扉には OnnO Behrends Tee 広告　最後尾

DBNorden駅

DORNUM
M K
V60 062
Museumseisenbahn
- Fahrkartenausgabe -

チケット売り場

181

ドルヌム(Dornum)駅到着 水城(シュロス)/ノルダーブルク Wasserschlos/Norderburgとその庭園へ

　途中駅、ヴェスターエンデ(Westerende)ではサイクリストの家族が下車し見送りを受け、手を振りご挨拶。　間もなく終着駅ドルヌム(Dornum)に 11:12 到着。　17 世紀ごろに建てられたバロック様式の水城であるシュロス・ノルダーブルクとその庭園が素晴らしい古い栄光の町である。　路線はここから約 14 km 先の DB ドイツ鉄道の駅エセンス(Esens)までは廃線となり、路線は撤去されその一部は道路となってしまったのが残念だ。　11:30 発の列車を見送り、次の列車 13:30 発迄約 2 時間あるので、ドルヌムの田舎町を探訪して見よう。　運よくこの日は、町中で風車祭りがあるので楽しみである。　ディーゼル機関車は機廻しをして、今度は最後尾の客車が先頭になる。

ヴェスターエンデ
Westerende駅

Dornum
(Ostfriesland)

Deutsche
Reichsbahn

Dresden
80001
Glr

ドルヌム
Dornum駅に到着

182

Dornum
Ort Dornum

Museumseisenbahn „Küstenbahn Ostfriesland e.V."

NORDEN - HAGE - DORNUM
und zurück

V60 062

ノルデンに向け出発

Schwarzer Friese
Echter Ostfriesen Tee

ディーゼル機関車は機廻し
貨車が最後尾となる

V60 062

客車の先頭に機廻し完了

ノルダーブルク城
(Wasserschlos/Norderburg)

ノルダーブルク城

洒落た紅茶が楽しめるカフェ
「Dornumer Teestube」

1626年建築の風車
(Bockwindmühl)

市庁舎

ドルヌム(Dornum)
市庁舎

Dornum

行き止まり

エセンス
Esens迄は廃線

ノルデン
Norden

東フリースラント沿岸鉄道
ドルヌム(Dornum)駅

　ドルヌム(Dornum)駅から約14km先にあるDBの駅エセンス(Esens)までは廃線、路線は撤去され、東フリースラント地方の沿岸を鉄道で周遊できたであろう路線が寸断されているのは残念。 代替輸送として沿岸バス路線(Küstenlinie No.K1)が運行、島への移動に乗車したが乗客は少ない。

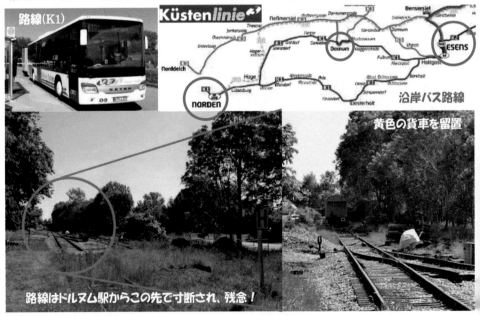

路線(K1)

Küstenlinie

沿岸バス路線

黄色の貨車を留置

路線はドルヌム駅からこの先で寸断され、残念！

沿岸鉄道自慢のディーゼル機関車(V60 062)と貨車(MKO 47103 カールスルーエ)

ディーゼル機関車(V60 062) ノルデンの郊外にて

　ディーゼル機関車(V60 062)は、ドイツ連邦鉄道(DB)の入換用機関車V60(260)形のライセンス契約により1963年製造されたベルギー製である。 ベルギー国鉄(NMBS/SNCB)で活躍、主に貨車の入換作業に従事していた。 2003年3月に使用中止となったが、東フリースラント沿岸鉄道保存協会(MKO)が機関車を購入し、MKO の機関庫で解体修理が行われた。 正式運行に必要な許可が2009年に得られ、2010年5/16 やっと初運行に就いた。 ドルクム市長ミヒャエル・ホーク(Michael Hook)により、機関車の愛称は「ドルヌム Dornum」の名を与えられている。

　このディーゼル機関車が牽引しているこの保存鉄道の看板でもある2軸有蓋貨車G10型、旧プロイセン王国鉄道時代のこれらの型式車両は、1910年のドイツ邦有鉄道車両連盟の設計及び規約に基づき製造、実際にヨーロッパ全地域で目にすることができる。 47103号車は豆炭貨車(Brikettwagen)として、エムデン(Emden)操車場の構内専用で使われた。 エムデン港での大量輸送の減少に伴い、G10は留置線行きとなった。 1999年2月に、MKOがこの廃車を引き取り、修復し、取り外されていた手動ブレーキ制動室が元の設計図面に従って再建された。 車両には、列車の暖房や照明に必要な電力を供給する75KVAの発電機が設置され、2000年から運用されている。

最後尾は2軸有蓋貨車G10型(Karlsruhe 47103) ドルヌム駅にて

ドルヌム　風車の日(Mühlentag)の祭りと
ノルダーブルク水城(Wasserschlos/Norderburg)

　保存鉄道のドルヌム駅からドルヌム街中の散策開始。　バーンホーフ通り(Bahnhofstraße)を進むと右側の広場で、ちょうど賑やかな風車祭り(Mühlentag)に運よく出くわした。　訪れたのは 2018 年 5 月 21 日(月)、聖霊降臨祭の月曜日(Pfingstmontag)、キリスト教の祝日なのだが同時にドイツ全土では風車小屋の祭りとして「風車の日 (Mühlentag) 」が開催されているのだ。　1626 年建築の風車(Bockwindmühl)は大切に保存されている。　その周囲にはクラシックカーの展示もあり、出店では人気のジャム入り揚げパンが子供たちに大人気である。

　その先のシャットハウザー通り(Schatthauser Str.)の左には市庁舎(Rathaus)、対面の教会横の路地に入ると、その先にはノルダーブルク城(Wasserschlos/Norderburg)へおいでよと導いてくれる教会通り(Kirchstraße)、城通り(Schloßstraße)がある。　進むと城門、場内に入ると 17 世紀に建てられたバロック様式のノルダーブルク水城が現れる。　その城門の手前には道に面したオープンテラス席のある洒落たカフェ「Dornumer Teestube」では、この東フリースラント地方に伝わる紅茶文化を体験できた。

　ドイツ観光局のホームページは、「東フリースラントのお茶は揺らさず、かき混ぜず」と紹介している。　この地方では訪れる人にお茶を出す習慣が今なお生き続けている。　氷砂糖を入れ、上から少し垂らすのがこの地方の伝統。揺らしてもかき混ぜてもいけない。まずは優しくクリーミーに、次にほろ苦く、最後にべっとり甘い３段階の味わいで楽しむそうだ。　ドルヌムのカフェでは、冷めないようにキャンドルウオーマーに載せたポットで現れたのだ。　東フリースラント風のティータイムを楽しむ。

東フリースラントの紅茶文化体験

オランダ南東部、ドイツとの国境近くのリンブルフ州(Limburg)に、南リンブルフ蒸機列車会社が運営する保存鉄道がある。 季節運行となるがノスタルジックな保存蒸気機関車とレールバスを3月～11月の特別運行日に走らせている。 保存鉄道路線でちょうど中間に位置するメインとなる駅がシンペルフェルト(Simpelveld)。機関庫と車庫や信号所があり、運転日の前日と当日の朝早く訪れると、給炭・給水と暖気運転中であった。 車庫の中を覗いていると、出社してきたスタッフの方からオランダ語で声がかかり、どうやら車庫の中を見るかとのお誘いの様だ。 仕事前なのに得意顔で案内してくれ、そこには珍しい蒸機や車両が整備中で大切に保存されていた。

保存鉄道のルートは2路線あり、一つは起伏の多い土地を通す工事で莫大な費用をかけたため、「百万(フルデン)路線 Miljoenenlijn」と呼ばれたスヒン・オプ・フール(Schin op Geul)～ケルクラーデ(Kerkrade)間の延長16 kmの路線、1988年に休止となっている。 もう一つはマーストリヒト(Maastricht)とドイツのアーヘン(Aachen)を結ぶ国際連絡線の一部であったシンペルフェルト(Simpelveld)～フェッチャウ(Vetschau)間の延長6 kmの路線、1992年にこちらも休止となっている。

アクセスはドイツで最も西に位置するアーヘン、大聖堂や温泉保養地で良く知れている。アーヘン中央駅(Aachen Hbh)前からバス(350系統と21系統)で1回乗り換えとなるが40～50分乗車、シンペルフェルト駅近くのバス停(Simpelveld Oranjeplein)に着き、徒歩10分なのでお勧めである。

シンペルフェルト駅の売店で購入した路線沿線の地図

シンペルフェルト駅に到着する蒸機　型式：E2 1040

シンペルフェルト
Simpelveld駅売店で購入した絵葉書と「Miljoenenlijn Expresse」
この本にはシンペルフェルト駅の歴史や建屋構造の図面が記載されている。

保存鉄道のSimpelveld駅へ、路線バスでアプローチ

　保存鉄道のシンペルフェルト駅へはアーヘン中央駅前から路線バス(350 系統)に乗り約 15 分、オランダに入り Vaals Busstation バス停で路線バス(21 系統)に乗り換え約 25 分乗車、Simpelveld Oranjeplein バス停で下車。バス停から後方に歩くと今バスが潜った保存鉄道のガードがあるが、手前を右に入り少し路線に沿って歩くと約 10 分で駅舎に着く。

Hotel Stadtnah

バス乗り場 H4

H2
H1
H5 H3

駅広場
(Bahnhofplatz)

DB
アーヘン中央駅

HAUPTBAHNHOF 350 Maastricht H.4

H4 番乗り場

0113367

ARRIVA
Dagkaart
Limburg Bus

€ 8,50

DB Hauptbahnhof

Busstation

アーヘン中央駅

Vaals Busstation バス停で
路線バス(350 系統)から
路線バス(21 系統)に乗り換え

Vaals Busstation
バス停下車
(350 系統)

Limburgliner

アーヘン中央駅、路線バス
(350 系統)は H4 番乗り場から乗車

350	Naar Maastricht	08:01
	Volgende halte in Vaals	
		Aankomst:
	Schanz	08:04
	Busstation Perron B 乗り換え	08:13
	Sint Jozefkerk	08:16
	Heuvel	08:17
	Lemierserberg	08:19
	Maastricht, Station Perron A	

バス車内の案内では行き先と着時刻を表示

Vaals Busstation
バス停乗車(21 系統)

Simpelveld Oranjeplein バス停 21 系統降の降り場、道路を挟んで同じく 21 系統乗り場

帰りは Maastrichterlaan/Bosstraat バス停で下車、路線バス (350 系統)に乗り換え

Simpelveld Oranjeplein 乗り場 (21 系統)

　帰りは Simpelveld Oranjeplein バス停で路線バス(21 系統)に乗車、Vaals Busstation バス停で乗り換えるのだが、場所は同じでも道を隔てた反対側の Maastrichterlaan/Bosstraat バス停で下車、路線バス(350 系統)のアーヘン行きに乗り換えることになる。　同じ場所でも道を隔てるとバス停名称が違うのだ。　約 15 分でアーヘン中央駅に着く。

　鉄道でのアプローチは、アーヘンからは保存鉄道路線に繋がっているが廃線。　ドイツ鉄道からオランダ鉄道に 2 回乗り換えて遠回りとなるが、ヘルツォーゲンラート(Herzogenrath)とランドグラーフ(Landgraaf)を経由してケルクラーデ(Kerkrade Centrum)駅に着く。　徒歩 5 分ほどで保存鉄道ケルクラーデ(Kerkrade)駅である。　約 1 時間かかるが可能である。

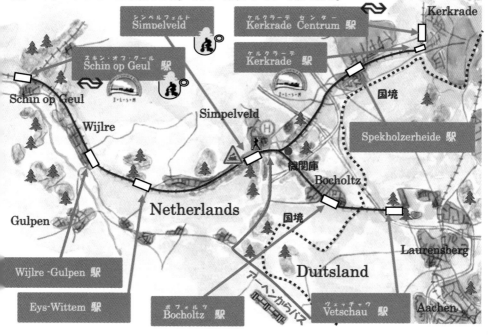

シンペルフェルト
Simpelveld駅の朝
駅舎はノスタルジックなその時を再現

　シンペルフェルト駅、アーヘンとマーストリヒト間の国際幹線路線として主要駅だったようで、駅舎は古き良き時代の煉瓦造り。当時の賑やかさが思い浮かばれる。　駅舎には牛乳や飲み物、旅行トランク等を運ぶ手押し4輪車、自転車、石炭箱が無造作に置かれ、レトロな雰囲気が楽しめる駅なのだ。　駅舎には小さい博物館、チケット売り場、売店には鉄道グッズが充実、カフェレストラン等があるので食事も楽しめ家族連れには最適である。

　駅から東に目を向けると、腕木式信号や遠くには機関庫と車庫が見え、朝日を浴びながら蒸機が朝早くから暖気運転でボイラーを温めている。　煙が立ち上がり早くおいでよと言っているようでワクワクを覚える。

　路線沿いの緑いっぱいの小道を歩き、途中に今も使用されている信号所があり、ポイント切り替えのワイヤーが集まり集中管理されている。　路線を渡ると蒸機(型式:E2 1040)が待っていてくれた。　イギリスの蒸機トーマスに似た姿は美しい。なんと前部にシリンダーが無いではないか、ということはフレームの内部に組み込まれたインサイドシリンダータイプなのだ。すごい機種に出会えて感激である。

東方向を見ると機関庫と車庫、煙が立ち上がる。

'Winkeltje

石炭のサンプル展示

シンペルフェルト駅舎の前には宝物が屋外保存

MUSEUM

歴史あるシンペルフェルト駅舎

シンペルフェルト
Simpelveld駅の朝

POSTE
PAYS-BAS

旅行トランク

牛乳と瓶

シンペルフェルト駅の機関庫と車庫
朝早く訪れるとインサイドシリンダータイプの蒸機(E2 1040)が居たぞ！

　駅から歩くと信号所。ポイント切り替え用のワイヤーが駅舎・車庫の方向に延びる。　機関庫ではローダーで給炭、給水を完了、機関士が石炭をボイラーに投入開始し同時に車体を念入りに磨く作業を始めた。　その蒸機はシンペルフェルト機関庫が自慢の型式：E2 1040号機(1910年製造)。製造は Nydgvist & Holm te Trollhättan(スエーデン)で、スエーデン国鉄で使用された。現在はシンペルフェルト機関区に籍を置き、南リンプル蒸機列車会社が保存鉄道として走らせている。　100歳を超えているのに現役なのだ。　工場内では蒸機、赤いレールバス、レトロな客車が修復され、解体された蒸機ボイラーの更新のためか整備作業中であった。

機関庫全景と手前は信号所

E2 1040号機　仕事開始

194

型式：E2 1040 号機

型式：E2
1040 号機
1910 年
製造

STORK

STATENS JÄRNVÄGAR.
1040
E²
1910

GEKEURD DOOR
STOOMWEZEN BV

AXEL	I	7,5 TON
	II	12,5 ,,
	III	12,5 ,,
	IV	12,5 ,,
	V	12,5 ,,
VIKT I TJÄNST	57,5 ,,	

シンペルフェルト(Simpelveld)駅
蒸機やレールバスの出発・到着を繰り返すこのハブ駅は賑やか

　駅舎にはチケット売り場、小さな鉄道博物館、カフェレストラン、売店等が入り、保存鉄道の運行日にはオープンとなる。　撮影と乗車に夢中となりやっと軽食、パンの付いたアスパラガスのスープ(Aspergessoep mit brood)4.95€とカプチーノにありついた。　売店では絵葉書や路線周辺の地図(Wandelen Langs de Miljoenenlijn)2€を購入。　スキン・オプ・グール(Schin op Geul)行きの蒸機が汽笛を鳴らし、後ろ向きスタイルで入線してきた。　朝に訪れた機関庫で準備作業中であった E2 1040 号機である。

駅の玄関

入るとチケット売り場

Schin op Geulからの蒸機が到着

向かい側のホームに機関庫から蒸機が入線

Schin op Geul行き蒸機は後向きスタイル

　シンペルフェルト駅 10:30 発の E2 型 1040 号機はレトロな客車 4 両を牽引し、後ろ向きスタイルでスキン・オブ・グールへ向かう。　車窓からはリンブルフ州の自然豊かな緑の中を走り、途中 Eys・ヴィッテム(Eys-Wittem)駅とヴェイルレ・グルペン(Wijlre-Gulpen)駅に停車、終着スキン・オブ・グール(Schin op Geul) に 11:00 到着する。　SL は 100 歳以上の年齢なのに走りっぷりは力強いぞ。この駅で折り返すので機廻しをするが、切り離しや連結作業が人気の的である。　この駅はオランダ鉄道に接続されていてオランダ側からのアクセスに都合が良い。　駅舎内にはカフェレストラン、壁には鉄道の写真や記念品を所狭しと展示している。

スキン・オブ・グール
Schin op Geul 駅での切り離し作業に注目

スキン・オブ・グール駅舎

スキン・オブ・グール
Schin op Geul駅

シンベルフェルト
Simpelveld駅 間もなく出発

出発間際まで機関室見学サービスあり

Simpelveld - Schin op Geul - Simpelveld		stoom	stoom	railbus	stoom
Simpelveld	V	10.30	12.30	15.00	16.00
Eys-Wittem	V	10.41	12.41	15.10	16.11
Wijlre-Gulpen	V	10.50	12.50	15.18	16.20
Schin op Geul	A	11.00	13.00	15.27	16.30

出発間際の静けさ、車掌さんの笛‥‥最後尾車両に飛び乗る。

ホームのベンチ 広告ポスターの魅力

　人気の機廻し作業は、子供に負けず大人も夢中で撮りまくりである。　連結作業に子供たちは座り込んでその迫力に大喜び、一人動輪をじっと眺めている坊や、きっと将来は機関士かエンジニアだろう。　到着11:00、出発11:20なので20分の余裕しかないが、駅舎内のカフェレストランの見学をちょっと断ってから撮影、写真OKとのことであった。

スキン・オブ・グール駅舎

スキン オブ グール
Schin op Geul駅

Schin op Geul	V	11.20	13.20	15.32	16.50
Wijlre-Gulpen	V	11.32	13.32	15.42	17.02
Eys-Wittem	V	11.40	13.40	15.48	17.10
Simpelveld	A	11.50	13.50	15.58	17.20

連結作業は人気

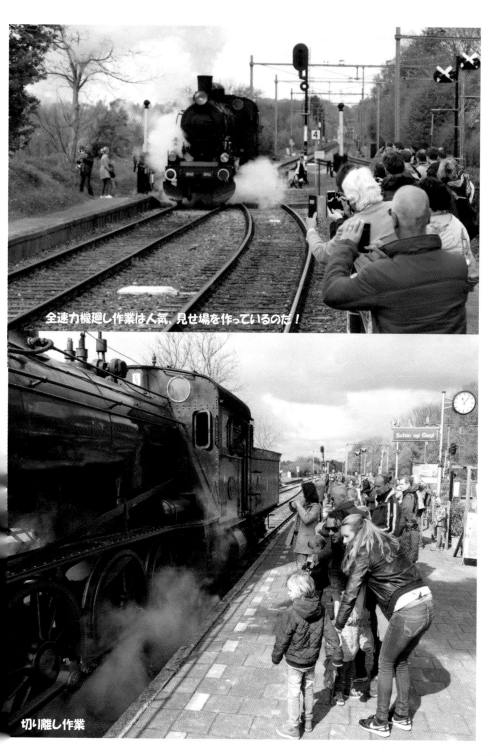

全速力機廻し作業は人気、見せ場を作っているのだ！

切り離し作業

機関士の笑顔　途中駅Wijlre-Gulpen駅で小休止　機関室見学

ヴェイルレ・グルペン駅で小休止、機関室の写真を撮らせて欲しいと声を掛けると、快く OK である。　窯をあけ石炭の燃える様子をも見ろとゲートを開けてくれた。　機関士のとびっきりの笑顔は大切な宝物である。

途中駅Wijlre-Gulpen駅

Eys ヴィッテム
途中駅Eys-Wittem

シンペルフェルト
Simpelveld駅に到着

ヴェイルレ クルペン
途中駅Wijhre-Gulpen駅

シンペルフェルト駅から 赤いレールバスで
アーヘンの手前 ドイツ/Vetschau（フェッチャウ）へ国際線感覚

　12:00 シンペルフェルト発ドイツ/フェッチャウ(Vetschau)行きの赤いレールバスに乗車。 シンペルフェルト駅から約 6 kmの短い路線はオランダ/マーストリヒト(Maastricht)とドイツ/アーヘン(Aachen)を結ぶ国際連絡線の一部であったが今では休線となり、アーヘン手前の駅フェッチャウまで保存鉄道を走らせている。 フェッチャウ駅ではアーヘンに繋がっている線路にはむなしく車止めが設置されていた。

　赤いレールバス、2両編成はほぼ満席、その多くはスピン・オプ・フールから戻った蒸機列車の乗客である。 蒸機とレトロなレールバスをセットで楽しむようだ。 レールバス型式は ZLSM の駆動車798-09(DB VT798-668) 1959年 Uerdingen 社製造、トレーラ998-51(DB VS998-872) 1959年 MAN 社製造の 2 両編成である。

レールバスが出発　　　蒸機が到着

蒸機が到着すると乗客は隣の
ホームのレールバスに移動

シンペルフェルト
Simpelveld駅

車内に掲示されていた古いポスター

運転席はコンパクトな配置、視界良好

出発すると機廻し中の蒸機と並
行走行のサービス

　赤いレールバスはシンペルフェルト駅から 2 路線、ケルクラーデ(Kerkrade)とフェッチャウ
(Vetschau)方面へと、機関庫手前で分岐しあっちにこっちにと忙しい。 フェッチャウ駅(Vetschau)
方面に行くレールバスは、出発すると機廻し中の蒸機と並行走行のサービスがありびっくりである。
機関庫手前で分岐し機関庫横をすり抜け走り去った。

Z・L・S・M 798-09		Z・L・S・M 998-51
駆動車		制御車

Over de Grens naar Vetschau (D)

		railbus	railbus
Simpelveld	V	12.00	14.00
Bocholtz	V	12.09	14.09
Vetschau	A	12.17	14.17
Vetschau	V	12.22	14.22
Bocholtz	V	12.30	14.30
Simpelveld	A	12.38	14.38

先頭は運転台付き制御車

フェッチャウ
Vetschau駅折り返し

アムステルダム中央駅(Amsterdam Central)からオランダ国鉄IC（インターシティー）で約35分、アイセル湖に面した田舎町ホールン(Hoorn)に着く。 ホールンは716年に町が形作られ、港湾業で発展。 17世紀にはオランダ東インド会社の重要な港湾の一つとなり栄えた。 1932年にゾイデル海（現在のアイセル湖）が大堤防により閉鎖され、港湾都市としての使命を終了している(Wikipediaより)。 駅から港へ歩くと、帆船が係留されその栄えた港町を垣間見ることができる。

　ホールン-メーデムブリック保存蒸機鉄道は延長20km、人気の観光路線である。 標準軌ながら小型の蒸機(スチームトラム)が、春ならチューリップの咲く平坦な草原をのんびり走る。 起点はホールン(Hoorn)、終点はメーデムブリック(Medemblik)となる。 パンフレットではメーデムブリックからエンクハイゼン(Enkhuizen)までアイセル湖を観光船で移動して、鉄道でホールンに戻る周回プランを提案している。 今回牽引してくれたのは、Loc5 号蒸機(型式：SHM5、Enkhuizen 社製、1929年製造)である。

機関室も磨かれピカピカ

車体はピカピカに磨かれている。

Loc5 号機
（型式：SHM5、Enkhuizen 杜製）

ホールン駅舎

駅舎のチケット売り場

Hoorn 駅構内

STAP 1 – KIES UW SPANNENDSTE TIJDREIS / *CHOOSE YOUR ITINERARY* www.stoomtram.nl

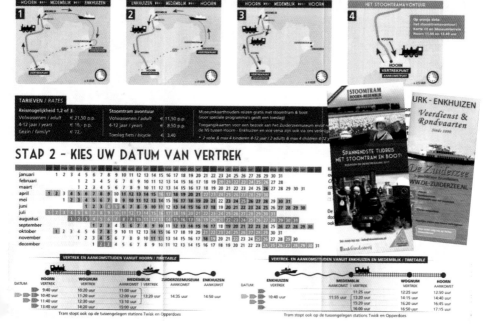

STAP 2 – KIES UW DATUM VAN VERTREK

ホールン(Hoorn)駅、間もなく出発進行
オランダ国鉄との連絡跨線橋から撮影

出発時刻は 10:40、チューリップが咲くこの 4 月中頃は 1 往復の SL 列車しかない。 乗り遅れたら大変、さあ急ごう。

ホールン駅舎

SL 登場

駅の車庫では給水作業中

朝の天気は曇り、果たしてチューリップ畑は見られるのだろうか不安な気分だが、皆さんなんの
ことはない、天気のことなんかへっちゃらである。　あ！少し晴れ間が。今日は神様が味方してく
れそうだ。

保存鉄道ホールン駅全景
後方のオランダ国鉄ホールン駅には
ダブルデッカータイプの電車が停車中

天気は曇りなのに皆さん賑やかに乗車中

ホールン-メーデムブリック保存蒸機鉄道
路線沿いの道案内、さあチューリップ畑を求めて撮影ポイントへ（2017年4月中頃）

　チューリップ畑は毎年同じ場所で栽培されないので、蒸機の車窓から探し当て、その撮影ポイントに自転車でアプローチである。　事前に調べていた小さな風車と栽培農家のある場所には、見事にチューリップは見当たらない。　風車からメーデムブリック方面に少し行き、路線がカーブし踏切があるあたりで発見した。　そこには、赤・黄・ピンク・白のチューリップ畑が青空から太陽を浴び咲き誇っていた。風車と農家をバックに蒸機とチューリップをと狙う……雲一つないブルースカイなので納得である。　踏切のポイントで往復の2列車を撮影。そしてメーデムブリックに向かう途中、なんとピンクと白のチューリップ畑が出現、横の牧草地では乳牛が幸せそうに草を食べている。　背景はトウィスク(Twisk)村、教会の塔が見える。　アスパラガスの栽培・販売農家があるが、収穫はもう終わっているようだ。　進むとトウィスク駅、あまりにも気持よく、駅員のおじさんとの会話。ほとんど解らないが気持ちで会話ができる。　メーデムブリックに入ると、昨日訪れた跳ね橋横のカフェに寄り道、疲れたので甘いアイスタイムである。　すると青空から曇り空へ、寒くなってきたぞ。　駅には運良くホールン行きのバスが発車寸前、運転士が手伝ってくれ、自転車丸ごと飛び乗った。　この時期珍しく青空に恵まれた一日、「自転車＋バス」での蒸機＆チューリップの追いかけ編であった。　次回、ホールン-メーデムブリック保存蒸機鉄道が提案しているホールンから蒸機でメーデムブリック、船に乗り継いでエンクホイゼン(Enkhuizen)へ、オランダ鉄道でホールンに戻る周遊プランを狙っている。

Tekening: svenvanderhart.com

ホールン-メーデムブリック保存蒸機鉄道のパンフレット

メーテムブリク
Medemblik 駅

オッペルドゥース
Opperdoes 駅

トウィスク
Twisk 駅
駅員との会話

終着駅

アイセル 湖
IJsselmeer

風車
(Molen De Herder)

Opperdoes

メーテムブリク
Medemblik

駅舎／休憩

撮影ポイント
蒸機が路線沿いの
チューリップ畑を走
るのを撮りたくて探
し当てた踏切のエ
リア。
連作できなく転作
栽培なので、毎年
場所が移動するの
で、行ったとき勝負
なのだ。

農家と牧場

踏切

STOOMTRAM
HOORN-MEDEMBLIK

風車と農家

Ruige Weid

**路線沿い
チューリップ畑エリア**

撮影ポイント
チューリップと風車
／蒸機／農家がセッ
トで狙えるポイント
だが、今年はチュー
リップ畑が見当たら
ない。

駅舎

ウォヌム
Wognum 駅

Wognum

STOOMTRAM
HOORN-MEDEMBLIK

ホールン・メーテムブリク
保存蒸機鉄道 ホールン
Hoorn駅

始発駅

アルクマール
Alkmaar へ

オランダ鉄道
ホールン
Hoorn駅

Zwaag

Risdam

Blokker

エンクホイゼン
Enkhuizen

Kersenboogerd

機関庫

ホールン
Hoorn

アムステルダム
Amsterdam へ

マルケル 湖
Markermeer

畑は赤・黄・ピンクに染まり別世界
ノスタルジックな蒸機は走る

　この時期 1 往復/1 日、撮影ポイント探しにはプレシャーが掛かる。 メーデムブリック行き列車のデッキから、お目当ての風車周辺にはチューリップ畑はないことが分かった。 帰りのホールン行きで見つけた踏切のあるこの撮影ポイント、路線沿いのチューリップ畑はここしかないぞ。 ホールンの宿に戻り Wi-Fi で調べると、明日

帰りのホールン行き列車のデッキから、撮影ポイントはここだ！決定

踏切から近くのチューリップ畑は派手なピンク、お隣は牧場

の天気は晴れるようだ。　良かった！しめたぞ、この時期珍しいそうだ。　翌日自転車で 1 時間程走り踏切のある撮影ポイントへ、畑は赤・黄・ピンクに染まり別世界なのだ。　チューリップの花の刈り取り業者が装置を持ち込み二人で作業を開始、聞くと今日は黄色の花を借る予定だそうだ。　ちょうど間に合ったぞ。　一般にはあまり知られていない、珍しい花の刈り取り作業に出会えた。

メーデムブリック行き列車のデッキから、お目当ての風車周辺にはチューリップ畑はない

翌日訪れてもチューリップの姿がない

珍しい花の刈り取り作業

間に合った！

美しい花も刈り取られなんだか悲しいが、球根として栽培されて出荷、春にはまた私たちを楽しませてくれるのだ

蒸機に乗車して車両のデッキで右往左往しながらの撮影ポイント探し、翌日ブルースカイで日光をいっぱい浴びるチューリップ畑を訪れた。2017 年 4/19,20 頃を選んだのは、フォトジャーナリストであり、プロ鉄道写真家である櫻井寛氏からの情報なのである。お陰で晴天に恵まれ、レトロな蒸機が客車 7 両(内 1 両は食堂車)を牽引し、満開のチューリップ畑を走る姿を撮影できた。行きのメーデムブリック行きの蒸機は後向きスタイルで最後尾にはおまけでタンク貨車を連結、帰りは前向きスタイルでタンク車はメーデムブリック駅に届けたようだ。遠くから汽笛が聞こえる。来るぞ！数分のシャッターチャンスなので手が震えると同時に、胸の鼓動とワクワク感が堪らない。

　所々でチューリップ畑に自動散水しているが、なんとトラクターのエンジン回転を利用して、ポンプを回し、川から水を吸い上げ、圧力水をホースで散水ノズルに送り込んでいるとのこと。

　チューリップ畑の土壌は連作栽培ができず毎年栽培場所を変えるため、いつも路線沿いとは限らない。今回はタイミングよく蒸機とセットで撮影できた。

チューリップの生育状況を調べる農家のおじさん、畑地の周囲に入り撮影してよいよと言ってくれた

無人なのにトラクターのエンジンはかけっぱなし、エンジンから回転を取り出す PTO(パワーテイクオフ)装置でポンプを回し、川から吸水、ホースで圧送し、ノズル散水を行っているようだ

メーデムブリック行き列車

ホールン行き列車

途中のWognum Nibbixwoud駅
ウォヌム ニッビクワウト

ウォヌム駅は 1887 年に建てられたオランダ風の趣がある明るい煉瓦造りの旧駅舎で、10〜15分程度のサービスストップ休憩がある。 乗客にとっては駅事務所やポイントの切り替え機械室、倉庫等を見学できるのが嬉しい。 広々とした牧草地の中にあり、このエリアにはチューリップ畑がなかったが、ピクニック気分で一日のんびりしたい駅でもあった。 駅員の笑顔が素晴らしい！

乗客は皆降りて、駅の見学とひと休み

ホームにちょっと立てかけた自転車のディスプレイ

信号室

駅員それぞれの笑顔は癒し系

WOGNUM-NIBBIXWOUD

217

Medemblik駅に到着、メーデムブリックの田舎町（カフェと跳ね橋）

蒸機はホールンを出発し、約1時間20分で終着駅メーデムブリック(Medemblik)駅に到着する。ほとんどの乗客は傍のアイセル湖の桟橋に待っている観光船に移動し、半島をぐるりと回ってエンクハウゼン(Enkhuizen)港まで約1時間30分の船旅を楽しむ。 ホールンからオランダ国鉄の接続があり、保存鉄道のパンフレットにもお勧めのプランとして紹介している。

メーデムブリックの小さな町にはセンスの良いカフェやレストラン、土産物店等があり、見ないで帰るなんてもったいない。 少し歩くと町外れにヨットハーバー、その入り口には跳ね橋があり、通

開いた！

Eetcafe de Kwikkel
跳ね橋の傍にあるカフェレストラン　ヨットが通過

跳ね橋は何時開くのか！

行車を止め船が通過するのが見られる。 そこにお勧めのカフェレストラン「Eetcafe de Kwikkel」があるのだ。 というのも、アップルタルトとカプチーノをオープンテラス席で楽しんでいると、なんだかカランコロンと音がする。 遮断機で車を止め、跳ね橋が開いたぞ、ヨットが通過するのだ。

メーデムブリック駅

点検中

桟橋には観光船

駅では SL が機廻し作業

Loc5 号機(型式：SHM5、Enkhuizen 社製)

メーデムブリック駅前から続く賑やかなニーウ通り(Nieuwstraat)は、カフェやレストラン、雑貨店が並ぶオランダらしい色使いの田舎町通りである。跳ね橋横のカフェ「Eetcafe de Kwikkel」に今日も立ち寄ってしまった。　周辺の近郊にはチューリップ畑や農家、オッペルドゥース(Opperdoes)の田舎には庭にチューリップが植えられた住宅が多い。　SL保存鉄道の駅トウィスク(Twisk)の駅舎もオランダらしい色合いの煉瓦造り、駅長さんが自宅兼駅業務もされているようで日向ぼっこをしている。　おいでよと手招きしてくれたのでテーブルに座り、ご一緒させて頂いた。

　今日は撮り鉄日、行き帰りも自転車のつもりが、駅に戻るとホールン行きのバス(239 系統)、コーヒ片手に運転士が乗り込むではないか。　慌ててホールン行きを確認し OK！自転車丸ごと載せても

お気に入りカフェ
Eetcafé De Kwikkel

オッペルドゥース
Opperdoesの田舎道

トゥイスク
Twisk 駅

良いよと手伝ってくれた。 発車すると踏切を横切り、路線沿いの風車の傍を通過、ベンツ製のバス
は乗り心地が固めで心地良い。 バスの窓からチューリップ畑を見ながら、約 30 分で楽ちんホール
ン駅着である。

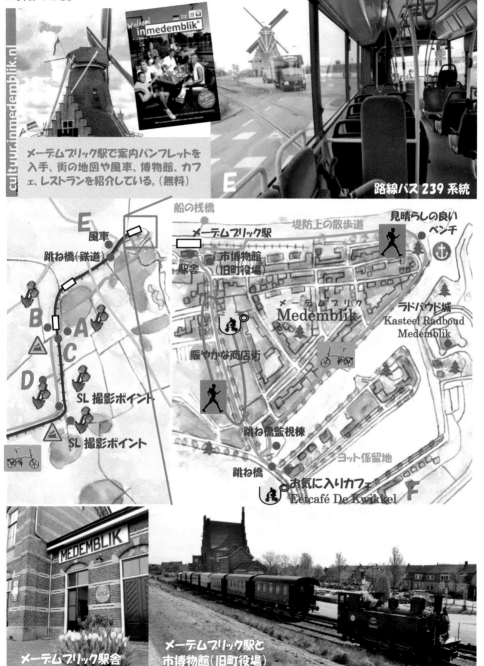

cultuurinmedemblik.nl

メーデムブリック駅で案内パンフレットを
入手、街の地図や風車、博物館、カフ
ェ、レストランを紹介している。（無料）

E

路線バス **239** 系統

E 風車
跳ね橋（鉄道）

船の桟橋
堤防上の散歩道
見晴らしの良い
ベンチ

メーデムブリック駅
市博物館
（旧町役場）
駅舎

B
A
C
D

SL 撮影ポイント

SL 撮影ポイント

メーデムブリック
Medemblik

ラドバウド城
Kasteel Radboud
Medemblik

賑やかな商店街

跳ね橋監視棟

跳ね橋

お気に入りカフェ
Eetcafé De Kwikkel

ヨット係留地

F

MEDEMBLIK

メーデムブリック駅舎

メーデムブリック駅と
市博物館（旧町役場）

221

蒸機の始発駅Hoorn（ホールン） 街の散歩

お勧めはホールンに宿泊し、
蒸機・バス・自転車でチューリップ畑へ

ホールン駅

239 naar Medemblik Busstation
Alle bussen op deze lijn zijn toegankelijk voor reiziger m

239 Medemblik
139 Medemblik
駅前バス停

　ホールンはアムステルダムやロッテルダムと並ぶ、オランダ東インド会社(VOC)に出資し、北の拠点として17世紀に黄金時代を築き繁栄した港町である。　駅から15分程で当時の繁栄ぶりが残る港に着く。　旧帆船やヨットが係留され、日本にはない跳ね橋、湖畔には栄華をしのばせるホーフド塔(Hoofdtoren)が目の前に現れる。　中世の16世紀に要塞として建てられ、17世紀には捕鯨で有名なオランダ北方会社(Noordsche Compagnie)の拠点となったが、今はレストラン「De Hoofdtoren」。　港に向かう途中、Grote Noord 通りの繁華街を抜けると、旧市街の中心でもあるローデ・ステーン広場(Rode Steen)が現れる。　1609年に建てられた計量所(Waag)も、今ではここもレストランとなり賑わっている。　広場では老婆が絵を描いていたので写真を撮らせてもらった。

　向かいには西フリジア美術館(Westfries Museum)。VOCが世界から集めた工芸品や調度品、ジャワ島を発見したこの町の探検家 J.P.Coen の航海資料が展示され、広場には業績を称えた像がある。　ホールン駅前と蒸機の終着駅メーデムブリック間には路線バス(239系統と139系統、乗車時間約30分)があるので、蒸機に先回りや乗り遅れたときに便利が良い。　宿は、繁華街にありオープン席でカプチーノがお勧めの Hotel De Keizerskroon。　もう一つは港に近く散歩に最適で1階のカフェレストランでは可愛い子供とワンちゃんが走り回る、家族的なホテル Hotel de Magneet もお勧め、bookinng.com で予約ができる。

C 跳ね橋とオランダママチャリ

B 17世紀に繁栄したホールン港

A 跳ね橋

Hotel de Magneet

Hotel De Keizerskroon

ホーフド塔

Westfries Museum

Welkom in de
Gouden Eeuw

ホールン・メーデムブリック
保存蒸機鉄道 Hoorn駅

STOOMTRAM
HOORN-MEDEMBLIK

Hotel De Keizerskroon

本屋

Hotel de Magneet

D

ローデ・ステーン広場

跳ね橋

A

オランダ鉄道
Hoorn駅

西フリジア美術館

B

C

跳ね橋

港街散歩エリア
お勧め

ホーフド塔

Filmhuis Hoorn
映画館

Halve Maen
海洋博物館

D ローデ・ステーン広場

ドイツから「渡り鳥ライン」でデンマークへ
お目当ては列車丸ごとフェリーで航送し、海峡を越えるのだ！

Indretning IC3
Plan of train interior

ドイツ/ハンブルク中央駅 6 番線から、乗り入れているデンマーク国鉄(DSB)の IC3 型(列車番号 EC：ユーロシティー)気動車が出発する。 黒いゴム製の連結幌で覆われた黒マスクは特異な雰囲気を醸し出している。 (因みに共同運行していた DSB のマークの入ったドイツ型 ICE・TD の気動車は 2017 年に運行終了)エルベ河畔にあるドイツ最大の港町、ハンブルク(Hamburg)からデンマークの首都コペンハーゲン(København)までの国際列車は渡り鳥ライン(Vogelfluglinie)と呼ばれ、渡り鳥のように島伝いに北上することから名付けられた。 ハンブルク中央駅 7:28 発の EC231 に乗車。 混むのは DB 列車情報から知っていたので朝一番の 6:00 に DB チケット売り場に行き座席指定を購入したが、自転車丸ごと持ち込める車両が空いていたのでそちらに陣取った。 デンマーク国鉄内のニュークビン・ファルスター(Nykøbing Falster)駅とネストベズ(Næstved)駅間は、路線改修工事のためバス代行輸送となり、そのためにこの IC231 の行き先表示の掲示板はコペンハーゲンでなくNykoebing F 行きとなっているのである。 ハンブルク中央駅を出発し、"バルト海の女王"と呼ばれた古都リューベック(Lübeck)、オルデンブルク(Oldenburg)、フェーマルン・スンド橋(Fehmarnsundbrücke)を渡りドイツ本土を離れ、フェーマルン島(Fehmarn) に入って行く。 このフェーマルン島の突端が渡り鳥ラインでドイツ最後の駅となるプットガルデン(Puttgarden)に 9:05 に到着し、乗車時間は約 1 時間 40 分。 この駅でドイツ鉄道からデンマーク国鉄の運転士と車掌に交代する。 一列車遅らせて、ホーム先端から列車丸ごとフェリーに入る様子とデンマークからのフェリーから出てくる逆バージョンを撮影するのだ。

運転席はコンパクトな計器類　　　元気な車掌さん、出発合図

ハンブルク中央駅　6番線

225

プットガルデン駅ではカモメと鉄道の共存共栄、列車が近づくと一斉に飛び上がり、あたかもその時を楽しんでいるような光景が見られた。　約2時間後の EC33、11:05 プットガルデン発に乗車すると、低速で慎重にフェリー内に移動する。　お目当てのフェリーによる列車丸ごと航送の瞬間だ。　トラック便と仲良くフェリー内に収まった。　乗客全員が荷物を車内に残し、貴重品を持って船内への階段を上りだした。　というのは、保安上の理由で乗客は車内に残れないから。　船内にはカフェ、レストラン、売店が店開きし、乗船時間は約40分だがプットガルデン Puttgarden（ドイツ）〜レズビューRødby（デンマーク）間のフェーマルン・ベルト海峡を航行するスカンドラインズ(Scandlines)のフェリー旅を満喫できる。　船上のデッキではバルト海の風を感じて見よう。　デンマークのレズビュー港からのフェリーとすれ違うチャンスがあるので見過ごさないように注意しよう。レズビュー港に入港、列車はゆっくりと直ぐ先にあるレズビュー駅に到着する。　犬を連れた係員が乗り込みパスポートチェックがある。

ヴィンテージな保存鉄道
(Veterantog Mariager–Handest)

デンマーク鉄道博物館
(Danmarks Jernbanemuseum)

Welcome
to the Danish Railway Museum

デンマークトラム博物館
(Tramway Museum
Skjoldenæsholm)

ホーブロ
Hobro

バス

Veterantog
Mariager-Handest
2019

Ta' veterantoget
75 år tilbage i tiden

ユトランド半島

北　海
Nordsee

アンデルセンライン

Denmark

Sweden

ロスキレ
Roskilde

コペンハーゲン
København

シュラン島
Sjaelland島

コペンハーゲン
København

フュン島
Fyn島

オーデンセ
Odense

ニューボ
Nyborg

コースア
Korsor

リングステズ
Ringsted

バス

Borup

Kværndrup

ファーボ
Faaborg

バス

グレートベルトリンク
(ストアベルト海峡)

スベンボー
Svendborg

ディーゼル機関車保存鉄道
(Syd Fyenske Veteranjernbane)

マリボ
Maribo

ファルスター
Falster島

ニュークビン　ファルスター
Nykøbing Falster

保存鉄道
Museumsbanen
(Maribo-Bandholm)

レズビー
Rødby

ロラン
lolland島

フェーマルン島
Fahmarn島

フェーマルン海峡

バルト　海
Ostsee

プットガルテン
Puttgarden

FAHRPLÄNE
& TARIFE NACH
DÄNEMARK UND
SCHWEDEN 2019

MUSEUMSBANEN
Maribo - Bandholm

Kørsplan
2019
Fahrplan

Deutschland

ハンブルク から
Hamburg から

ハンブルク
Hamburg

ユトランド半島縦断ライン

渡り鳥ライン

フェリー航路

渡り鳥ラインで使用されているデンマーク国鉄(DSB)自慢の特急 IC3（列車名 EC）は、ロラン(lolland)島、ファルスター(Falster)島、シュラン(Sjaelland)島と渡り鳥の様に走り抜け、目的地コペンハーゲン中央駅を目指す。 車両前面のゴム製幌は、車両の連結や切り離しを迅速に行うためだが、フェリーでの車両航送が全盛時代の名残でもある。 国内をインターシティとして走り回っているが、今ではその効果は見られない。

コペンハーゲン中央駅着

コペンハーゲン市庁舎

アンデルセンが住んでいた家

コペンハーゲンのニュウハウンは新しい港を意味し 1673 年に完成した人工の港 アンデルセンはこのニューハウンを愛し、晩年に住んでいた

保存鉄道(Museumsbanen Maribo-Bandholm)
保存鉄道とフェリーがセット、自然豊かな
二つの島(Askø と Lilleø)の観光イベント
「Askø/Lilleø,29.junin2019」
www. Askø-lilleø-turismedag.dk

MUSEUMSBANEN
Maribo - Bandholm

Køreplan
2019
Fahrplan

マリボ駅(Maribo St.)

　ロラン島(lolland)中部のセナー湖(Søndersø)に面した町、マリボ(Maribo)には蒸機やディーゼル機関車がノスタルジックな客車を牽引する保存鉄道(Museumsbanen Maribo-Bandholm)がある。ドイツ/ハンブルクからの渡り鳥ライン一番のハイライトであるフェーマルン・ベルト海峡を航行するスカンドラインズ(Scandlines)フェリーで列車丸ごと航送し、約 40 分でデンマークのロラン島のレズビュー港(Rødbyhavn)に入港。　車両はトラック便との混載なので、分け隔てなく次から次へとロラン島に降りる。　車両も定速で慎重に先に見えるレズビュー・フェリー(Rødby Færge)駅に着く。　ここからがコペンハーゲンに向かう幹線路線となり、次の駅ニュークビン・ファルスター(Nykøbing Falster)でナックスコウ(Nakskov)行きに乗り換え、約 25 分でマリボ駅に着く。

　6/29 土曜日 (2019 年) には、保存鉄道とフェリーがセットプランになった自然豊かな小さな二つの島 (Askø と Lilleø) の島興し観光イベント、「Askø/Lilleø,29.junin2019」があるのだ。　このイベントを知ったのはマリボ保存鉄道のホームページ、デンマーク語なのでグーグル翻訳にお世話になりながらなんとか概要を理解できた。　蒸機の特別運行日は翌日 6/30 日曜日なので、欲張って 2 日間楽しもうという魂胆なのである。　出発時刻が近づくと家族連れが大きなベビーカーでやってきた。　トコトコとレトロとディーゼル機関

VELKOMMEN TIL TURISMENS DAG

ASKØ/LILLEØ, 29. juni 2019

EKSTRA - PATRICK fra X-factor underholder
EVENTS - Mr. Plys tryller og leger

PROGRAM

Se mere på: www.askø-lilleø-turismedag.dk
Book gratis færgebillet på Billetto.dk – Turismedag

SPONSORER 2019:

Nybolig, Maribo	Home, Maribo
Danbolig, Maribo	Martin Hansen, Tømrermester
Klokkergården keramik og galleri	Tom Olsen, Entreprenør
Lysemose maskinstation	Jørn's Smedie og VVS aps
Askø Sejlklub	Maler Olsen, Askø
Askø Strandvig Grundejerforening	Murer Svend Thomsen
Askø Vandværk	Askø Bed&Breakfast
Askø Æblemost	Hefa-El Askø
Benny Sørensen, Askø	Gaulgårdens tømrer og snedker
Deco4you	Askø/Lilleø Beboerforening
Lilleø vin	Askø Købmandshandel
Lilleø ØKO-plantage	Askø Museum
JH Rengøring	Lolland Færgefart
Askø Mejeri	ViFixerDet.nu

PROGRAM 2019:

8	Patrick fra X-Factor	11:30-12:00, 13:00-13:30
4	Askø's brandbil vises frem	13:30-14:30
11	Akutholdet fortæller	12:30-13:00
8	Naturtrailer på fællesareal	11:00-12:00, 14:00-16:00
7	Plantagetur på Lilleø	12:30-13:30
8	Veteran traktorer fremvises, brandstationen	11:00-13:00
6	Avisheste på Øster Strandgaard	11:00-11:30, 13:30-14:00
14	Hønsehold	10:00-16:00
5	Galleri 177, Mette Holmskov, Cafe	10:00-16:00
2	Galleri Klokkergården, Cafe	10:00-16:00
2	Male på sten på Klokkergården	12:00-14:30
2	Syng med børn! på Klokkergården	10:00-13:30, 14:00-14:30
4	Trylleri og ballonleg, Mr. Plys, Fællesareal	11:00-11:30, 12:00-12:30
2	Mr. Plys på Klokkergården	13:30-14:00
8	Loppemarked ved skolen	10:00-15:00
12	Askø Købmandshandel, Sandwich m.m.	09:00-17:00
9	Askø Museum åben	13:00-16:00
10	Orgel matiné	11:00-11:30, 13:00-13:30
10	Rundvisning i kirken	12:00-12:30
1	Find dit nye hus/sommerhus	10:00-13:00
3	Mindfulness	13:30-14:30
3	Vejbod, Askø Æblemost	08:00-18:00
11	Konditorkager på Vidars plads	11:00-14:00
9	Museum Lolland-Falster fortæller om Askø	12:30-13:00, 14:00-14:30
3	Besøg en Ø-bo	13:30-14:00
3	Besøg Cafe Askø B&B og en fritidshusejer	11:00-13:30
12	Harmonikaorkester ved købmanden	11:00-15:00

Ændringer i programmet kan forekomme.

SPISE OG DRIKKE:

1	I Havnehuset er der gratis kaffe og æblemost
12	Cafe Købmand sælger pølser, frikadeller, kartoffelsalat og sandwich
2	Cafe på Galleri Klokkergården sælger kaffe, kage og chokolade
5	Cafe på galleri 177 serverer kaffe, kage og chokolade
11	Cafe på Vidars Plads sælger kaffe og konditorkager
3	Cafe på Askø B&B, Konemadevej 9 sælger kaffe, kage og Askø Æblemost.

車に牽引された年代物のビンテージ客車 2 両、ベビーカーと自転車専用貨車、編成を盛り上げるためのタンク車、最後尾にはブレーキマンが操作できる制御室（小屋）付きのオープン貨車の計 5 両の混合編成がやってきた。 そのスタイルはなんだか嬉しくなる。 皆勝手が分かっているようで、ベビーカーや自転車専用の貨車の前に集まり、スタッフが受取り貨車へ積載。私の自転車も折り畳まず載せてもらった。

専用貨車

マリボ(Maribo)駅出発は、貨車に飛び乗ったスタッフの合図で後押し走行だ。　トコトコと直ぐ先の機関庫まで移動、機廻しをし、今度はディーゼルが先頭で支線（標準軌 1435mmの保存鉄道路線）に入る。　麦畑や森、風力発電の景色を堪能していると約 50 分でバンドホルム港駅(Bandholm havn)に到着。　一つ手前のバンドホルム駅(Bandholm station)には停車しないが、特別運行日には駅舎の売店がオープンし賑う。　列車は二つの島（Askø と Lilleø）のイベントのフェリー接続が今日の主目的、フェリー埠頭には徒歩約 5 分である。

森のトンネル

出発はディーゼルの後押し

機関庫へ入る支線でスイッチバック

麦畑

遠くに風力発電

港駅(Bandholm havn)

手前のバンドホルムで機廻しをした後、再度港駅へ転送したようだ

帰り便　港駅出発

運転室はレトロ感いっぱい

保存鉄道がマリボ駅からバンドホルム港(Bandholm havn)駅に到着するのが 10:15、アスクウー(Askø)島へのフェリーはバンドホルム港から 10:25 出航するので皆は駅から港へ移動(徒歩 5 分程度)となる。　バンドホルム港に着くとイベントに参加する自転車族、家族連れが多くて吃驚、車を港に駐車し、自転車や徒歩で参加するようだ。　フェリーは約 25 分で可愛らしいアスクウー港に着く。　下船すると、目の前にコテージや貸別荘の会社事務所だろうか、無料でコーヒーやリンゴジュースが提供され、休憩やお手洗いも使える。このイベントのスポンサーのようだ。　さあ、島の風を思い切り吸い込んで島内ポタリングを開始しよう。

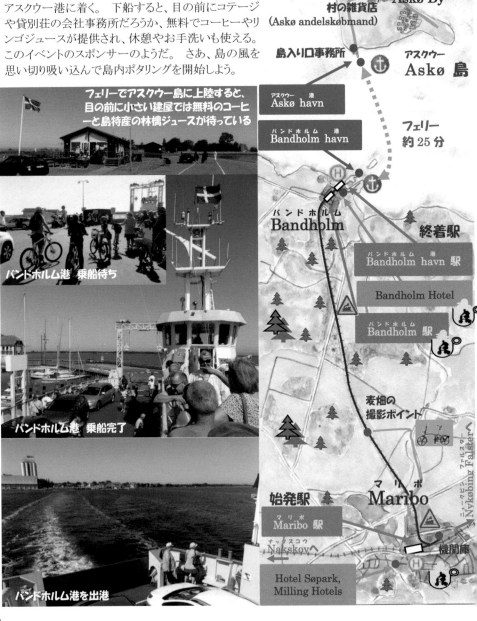

リレー
Lilleø 島

700m の堰堤

村の広場(ライブ会場)

村の雑貨店
(Askø andelskøbmand)

Askø By

島入り口事務所

アスクウー
Askø 島

アスクウー　　港
Askø havn

バンドホルム　港
Bandholm havn

フェリー
約 25 分

フェリーでアスクウー島に上陸すると、目の前に小さい建屋では無料のコーヒーと島特産の林檎ジュースが待っている

バンドホルム港　乗船待ち

バンドホルム港　乗船完了

バンドホルム港を出港

バンドホルム
Bandholm

終着駅

バンドホルム　港　駅
Bandholm havn 駅

Bandholm Hotel

バンドホルム　駅
Bandholm 駅

麦畑の
撮影ポイント

マリボ
Maribo

始発駅

マリボ
Maribo 駅

ナックスコウへ
Nakskovへ

Hotel Søpark,
Milling Hotels

機関庫

ニュークビン　ファルスター
Nykøbing Falsterへ

234

アスクウー島の玄関港　もう直ぐ着岸

二つの島（Askø（アスクウー）とLilleø（リレー））はロラン島、ファルスター島、シェラン島の 3 島に囲まれたスモランズ海峡（Smålandsfarvandet）に浮かんでいる。 麦畑や林檎畑と長閑な自然いっぱいの小さな島、ストレスの多い都会人が訪れると、自然と一体となり癒されること請け合い。 二つの島は 1914 年に建設された長さ 700m の堰堤で接続され、海面を渡る景観は素晴らしく、ごみ一つ流れ着いていない。

もう直ぐアスクウー港に入港　皆は下船準備

アスクウー港　帰りのフェリー待ち

帰りのフェリー　アスクウー港を出港

235

アスクウー(Askø)島の港(Askø Havn)から約2km(徒歩30分、自転車10分)の所に果樹栽培や麦生産農家の村がある。 島の北にあるこの小さな村(Askø By)では観光イベントとしてのメインライブ会場があり、島民の手作りバザーの露店が店開き、道路脇では島民の音楽好きグループが生演奏、自転車族が立ち止まり賑わっている。 傍には島唯一の小さなスーパーマーケット(Askø andelskøbmand)というか食料品店があり、島の協同組合により運営されている。 生鮮食品、果物、新聞や雑貨、パンやケーキ、アップルチーズやバター、チェリーワインや蜂蜜と、地元産の安心食材の品揃えが豊富である。

さあ、ライブ会場に行って見よう。 島の住民が楽しみにしていた1度/年のイベントで毎年開催されているようだ。 子供たちがお母さんと一緒にバザーを手伝っているが、島で育った素直で清純な子ばかり。 露店にはシートを敷き、自分たちが遊んでいた玩具も並んでいる。 こんな光景を目にすると、コテージや別荘を買って移住したいなあと思うのは私だけでないだろう。

アスクウー島で癒され楽しんだ後は、もっと小さなリレー(Lilleø)島に行って見よう。 二つの島は1914年に建設された長さ700mの堰堤で接続されている。 イベント会場からLilleøvej通りを600m北へ、その堰堤はすぐ近くである。 堰堤の左右の海が仕切られているが、ごみ一つ流れ着いていない。 あるのは鳥の羽が風により集められて浮いている不思議な光景、自然のままなのだ。

島民のバザーとライブ会場は人気

バザー露店

島民の音楽好きグループが生演奏

前方がリレー島

　リレー(Lilleø)島の自然を堪能しよう。　アスクウー島からリレー島に接続される700mの堰堤は海面すれすれ、白鳥の居住地域、楽園のようだ。　サイクリング中の 3 人組に挨拶、笑顔が返る。　海風を受けながらリレー島に入る。　麦畑、林檎畑の香り風は心地良い。　道の傍にはたくさんの花が咲き乱れている。　あまりにも自然に接し癒され過ぎて一つ忘れ物が、アスクウー島ではカフェがこの日のためにオープンしていたのに、島でしか味わえないコーヒー/紅茶とケーキを忘れていた…

リレー　島内の道

前方がアスクウー島

保存鉄道(Museumsbanen Maribo～Bandholm)
マリボ バンドホルム
www. museumsbanen.dk

　昨日の土曜日は、ディーゼル機関車が牽引する列車でアスクウー(Askø)島へのフェリーとセットになった観光イベント「Askø/Lilleø,29.junin2019」を楽しんだ。　地域一丸となった島(Askø/Lilleø)興しのイベントなので多くのスポンサーが協賛、往復の鉄道とフェリーが無料。　これにはぶったまげた。　今日 6/30(日)は保存鉄道のダブルチャンス、今度は蒸気機関車がヴィンテージな年代物の客車を牽引しマリボとバンドホルム間を走るのだ。

　2019 年の特別運行日は、6/16～8/18 の日曜日、7/4～8/8 及び10/16 の木曜日となっている。マリボ(Maribo)駅とバンドホルム港(Bandholm havn)駅間を 3 往復/日、運行する。　大人片道50Kr(往復 80Kr)、自転車は片道 20Kr が必要となる。　尚、水曜日の運行はディーゼル機関車になるそうだ。

　終着駅バンドホルム港の一つ手前にあるバンドホルム駅にはチケット売り場や売店がある。1920 年に建てられた旧駅舎内のホールでは、マリボ/バンドホルム路線の 150 年間にわたる歴史に関する展示があり、その当時の駅長室も大切に保存され見ることができる。　構内の倉庫には昔使われた鉄道関連部品や構内作業器具を展示、線路を挟んで倉庫の向かい側の小屋には路線保全用の手漕ぎ4輪車、エンジン付き4輪バイク、自動タイプの4輪車が保存展示されている。

　鉄道の歴史は、今から 150 年前が始まり。1869 年 11 月マリボとバンドホルム間に鉄道が開通した。　これはロラン島で初めての私鉄鉄道で、マリボとバンドホルムのクヌッテンボー港(Knuthenborgs)間で貨物と旅客の輸送が目的であった。　1875 年からバンドホルム鉄道はロラン・ファルスター(Lolland-Falsterske)の会社が運行することになる。　主要顧客は、石炭や石灰、砂糖大根をホレビュー(Holeby)やマリボにある砂糖工場に運び、生産された袋詰の黒砂糖も鉄道で運ばれ、バンドホルム港からコペンハーゲンにある砂糖精製会社に船輸送された。　最盛期には

Arrangementer

I løbet af sæsonen er der flere muligheder for ekstra oplevelser udover selve togturen.

Her kan nævnes:
- Postbureau i togene 30. juni, 28. juli og 17. oktober
- Kaffetog 7. juli og 18. august (T)
- Opsendelse af brevduer 21. juli

Nogle arrangementer har sit eget program:
- Kultur på skinner 29. og 30 juni
- Spisevognstog 2. august (T)
- Halloween 18. oktober (T)
- Bandholmbanens 150 års jubilæum markeres 16. og 17. oktober, hvor køreplanen udvides med ekstratog.

Ved arrangementer mærket med (T) skal billetter købes på forhånd.

Se på www.museumsbanen.dk for flere oplysninger.

Der tages forbehold for ændringer eller aflysning af ovenstående arrangementer.

Tips til ture

Turen med Museumsbanen kan udvides med en tur med færgen fra Bandholm Havn til Askø. Tag gerne cykel og madpakke med.

Fra Merritskov trinbræt er der afmærkede cykel- og vandreruter gennem skoven og herregårdslandskabet.

Grupperejser i ordinære tog

Grupper over 25 voksne bedes reservere plads på forhånd.

Udflugtsvogn til kaffebord eller spisning kan bestilles mod et tillæg.

Kontakt Museumsbanen via www.museumsbanen.dk for tilbud og bestilling.

Særtog

Særtog kan bestilles hele året, hvis familie- eller firmaskovturen skal ud over det sædvanlige eller skal fejres på en anderledes måde. Her er mulighed for at lægge sin egen køreplan og for særlige ønsker på turen f.eks. oplevelser. Udflugtsvogn til kaffebord eller spisning kan medtages. Her har der været holdt kaffebord, konfirmation, fødselsdag, bryllup mv. Egen fortæring kan medtages eller lad en af Maribos restauratører klare opgaven.

Kontakt Museumsbanen via www.museumsbanen.dk for tilbud og bestilling.

Køredage/Betriebstage 2019

Søndage/Sonntag 16. juni til 18. august
Torsdage/Donnerstag 4. juli til 8. august samt 17. oktober

Onsdage/Mittwoch 3. juli til 7. august og 16. oktober

Køreplan / Fahrplan
Km

Km		afg./abf.		
0,0	Maribo station afg./abf.	10.05	13.05	15.05
5,5	Merritskov T. afg./abf.	10.26	13.26	15.26
7,5	Bandholm station ank.	10.32	13.32	15.32
-	Bandholm station afg./abf.	10.52	13.52	15.52
7,9	Bandholm havn ank.	10.55	13.55	15.55
	Bandholm havn afg./abf.	11.10	14.10	16.10
	Bandholm station afg./abf.	11.25	14.25	16.25
	Maribo station ank.	11.52	14.52	16.52

Alle tog standser ved Maglemer og Merritskov trinbrætter såfremt der er rejsende at optage eller afsætte.

Billetpriser / Fahrkarten

3. klasse:	...enkelt/einfach	retur
Voksen/Erwachsene	50 kr.	80 kr.
Børn: (4-11 år inkl.)/Kinder (4-11 Jahre incl.)	25 kr.	40 kr.
Familie: 2 voksne/Erwachsene + max. 4 børn/Kinder		220 kr.
Tillægsbillet til 1. klasse/Zuschlag 1. klasse	15 kr.	
Cykel/Fahrräder	20 kr.	

Billetter købes i toget eller på Bandholm station.
Fahrkartenverkauf im Zug und auf Bandholm station.

Der ydes grupperabat til grupper over 10 personer.

Kontakt

info@museumsbanen.dk

Museumsbanen Maribo-Bandholm
Stationsvej 10
4941 Bandholm

www.museumsbanen.dk

MUSEUMSBANEN
Maribo - Bandholm

Køreplan
2019
Fahrplan

バンドホルム港駅(Bandholm havn)

このバンドホルム鉄道は旅客列車の他一日最大12もの貨物列車を運行していた。

スモーランド海峡(Smålandsfarvandet)の島々は、毎日航行しているバンドホルム(Bandholm)、アスクウー(Askø)、フェイウー(Fejø)、フェムウー(Femø)間のフェリーにより鉄道と繋がっていたが、鉄道は1952年に乗客の輸送は終了した。 しかし、1962年にデンマーク鉄道クラブ(Dansk Jernbane-Klub)がこの路線でヴィンテージな年代物の客車を運行し、少ない本数だが保存鉄道として復活を遂げた。

今回は、朝一番にマリボ駅から約1.5km(徒歩16分、自転車5分)の所にある機関庫を訪れ、今日運行する蒸機が機関庫の中で暖気運転をしながら一夜を明かしている様子を撮影できた。 保存蒸機で路線を往復する途中では、車窓やデッキから右往左往しながら撮り鉄の撮影ポイント探しである。 自転車で麦畑の中を走り、強引に路線の枕木の上を押し歩き、麦畑のど真ん中のやっと見つけた踏切ポイントは快晴の空の下である。 木陰は無く暑いのを我慢して今日の2番列車を待つこと数分、間に合ったぞ。

麦畑の遠くから煙が、汽笛が聞こえるこの時は心が躍る気分である。 どうやらヨーロッパ全域で異常気象の暑さだったらしい。 水分補給品しながら頑張ったので、良い写真の成果物が土産となった。

特別運行日の朝に機関庫を訪れると、今日運行してくれる蒸気機関車(No.17)は扇型機関庫の扉は開いているが、まだ眠いのか機関庫内は煙で充満している。　そろそろ起きようぜ！本体を触ると温かく、夜中は暖気運転だったのだ。　赤い地で枠と文字がゴールドの格調高い銘板には、蒸機はベルリンのA.BORSIG社1903年製造。もう御年116歳なのだ、と感心していると、作業員がやってきたので大きく手を挙げて挨拶し、日本から写真を撮りに来たのだと言うと、快くOKと笑顔迄返してくれた。　ビジネスでもそうだが、お願いするときは何事も挨拶からを心掛けている。　という訳で機関庫内を撮りまくりである。　屋外には手動の転車台があり、手押しのアームが両端に取り付けられている。　昨日お世話になった3軸連接ロッドのディーゼル機関車(HFHJNo.3)は、機関庫横の車庫の外で待機中、何だか出番がありそうな気配がする。

　この機関庫にはマリボ駅から徒歩約15分、門はないので解りづらいが、広い通りから大手を振って入って行ける。　蒸機に今日の特別運行よろしくと声を掛け、マリボ駅に小走りに戻った。

ディーゼル機関車の後押しでマリボ駅に入線、やはり出番があったのだ。　しかし、今日の主役の蒸機がいないぞ。　その理由は機関庫でスイッチバックするときに蒸機にバトンタッチするから。　レトロな客車3両と自転車ベビーカー専用貨車の4両編成である。　ちょっと目を引いたのが、蒸機運転では最後尾になる客車(KSB C 20)、車内の内装が白を基調にした壁とダブルルーフの換気扇付き天井、座席は質の良い木製、クロスシートで各々に荷棚付き、品の良いカーテンと豪華版であること。　この車両に陣取りデッキからカーブを曲がる蒸機を狙おう。　機関庫の手前であの蒸機(No.17)が待っていた。　最後尾となるディーデル機関車のサポートは終了し、切り離しトコトコと機関庫に帰って行った。　さあ、蒸機を先頭貨車に連結！黒い煙を吐きながらマリボ・バンドホルム線の支線に入って行く。

マリボ・バンドホルム線の支線に入って行く蒸機

ディーゼルは切り離し機関庫へ

機関庫入り口で蒸機にバトンタッチ

MARIBO
BANDHOLM
el. omvendt
& tilbage
3.Kl.KR. 80.–

9240

KSB C 20

Bandholm, 2000

マリボ駅(Maribo St.)

Persovognen leveret til København-Slangerup banen først efter banens åbning, men indgik i samme stil som banens øvrige personvogne. Efterleverancen skyldes givetvis den store tilflugtstrafik på Slangerupbanen, hvor beboerne på Nørrebro tog med toget til Bagsværd og Hareskov.

Slangerupbanens lagde megen energi i markedsføring af udflugtstrafik. Ved spidsbelastninger var der til passagerer, at ikke engang ståpladser på de nummerfrie endeperroner gav pladser nok. De mindre heldige måtte lade sig befordre i godsvogne.

Personvognene blev ved ibrugtagen betegnet som "net og velindrettet". De store vinduespartier giver dels at lyst miljø, dels at godt udsyn under kørslen.

Efter Statsbanernes overtagelse af Slangerupbanen i 1949 blev vognen i endnu mange år anvendt som personvogn, og den blk et nyt DSB-nummer, nemlig CYP 4656.

Som så mange andre udtjente personvogne blev den ombygget til værkstedsvogn og anvendt som snedkerværksted for banetilfællegen.

243

マリボ(Maribo)駅を 10:05 に出発しバンドホルム(Bandholm)駅に 10:32 に到着したのだが、次の
終着駅バンドホルム港(Bandholm havn)への発車迄、何故か 20 分間の停車を設けている。 蒸機
は給水作業を開始、乗客は 1920 年に建てられた煉瓦造りの駅舎内と横の倉庫へと入って行く。
旧駅舎は博物館となっていて当時のままの駅長室やホールが保存されている。 最盛期だった頃
の写真が展示され、駅は賑わったようだ。 ボランティアの駅長が駅長室に来いよと手招き、硬券
切符の日付刻印機で発券し、今日の日付を印字した昔の貴重なチケットだぞと自慢そうにくれた
が刻印機を愛着持って大切に保存している気持ちが良く解る。 なんとユトランド半島のシルケボ
ー(Silkeborg)行きの 2 等硬券切符だった。 大切にしよう。 駅舎横の倉庫内と外には昔に構内作
業で使われた荷役車を展示している。 強引に線路を跨ぎ渡ると(見学可)、小屋には路線保全
用の手漕ぎ 4 輪車、エンジン付き 4 輪バイク、自動車タイプの 4 輪車が保存展示されている。 20

バンドホルム
Bandholm 駅

バンドホルム駅の倉庫

分間の停車は、蒸機の給水と乗客の駅舎博物館見学のサービスタイムであった。

バンドホルム駅給水作業

切符売り場

打刻機

牛乳・ワインを載せた荷車

旅客のトランク載せた荷車

バンドホルム駅　マリボ向けて出発

終着駅バンドホルム港では機廻し線がないため、バンドホルム駅まで後押しプッシュ走行　バンドホルム駅で機廻し

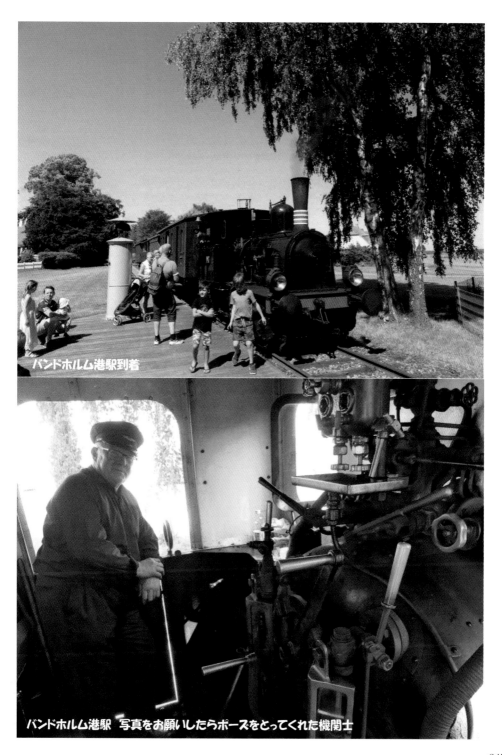

バンドホルム港駅到着

バンドホルム港駅　写真をお願いしたらポーズをとってくれた機関士

247

マリボ保存鉄道でお世話になったバンドホルム駅の二人の駅長さんは、デンマーク国鉄の OB のようで制帽がなかなか様になっている。 列車の最後尾のデッキでは若手車掌と会話、列車は蒸機のブレーキだけではすぐには止まれないので、汽笛の合図（2 回）で手動機械式ブレーキをくるくる回して最後尾の客車のみだがブレーキをかけるそうだ。 車掌はブレーキマンの作業もこなす。 硬券切符に年月日を刻印してくれた二人の駅長さん、ボランティアで保存鉄道を守っている仕事ぶりは羨ましい。 麦畑の踏切で蒸機が通り過ぎた後、最後尾のデッキにはお世話になった車掌さん。私が撮影しているのに気づかない。 遠くのカーブの所でやっと気付き手を振ってくれているぞ。私も大きく手を振り返す。 写真を撮るのも忘れて振り続け、お互い姿が見えなくなるまで 振り続けたのである。 こんな出会いがある保存鉄道の旅って素晴らしい。

Se efter tog →← ←

麦畑のど真ん中　撮影ポイント　来たぞ！

この時にやっと気が付き、手を大きく振ってくれたのだ・・・・・
写真を撮るのも忘れて、お互い見えなくなるまで振り続けた

麦畑のど真ん中　撮影ポイント　通り過ぎた！

デンマーク路面電車(トラム)博物館(The Danish Tramway Museum)
Sporvejsmuseet Skjoldenæsholm
www.sporvejsmuseet.dk

　デンマーク路面電車博物館(The Danish Tramway Museum)は、首都コペンハーゲン(Copenhagen)の中央駅(Københavns Hovedbanegård)から路面電車博物館へのアクセスに都合の良い駅 Borup までデンマーク国鉄(DSB:Danske Statsbaner)の普通列車に乗車し、所要時間 40 分と意外と近い。

　その途中には、シュラン島北部のフィヨルド最奥部に位置する 1000 年以上もの歴史を持つ古都ロスキレ(Roskilde)があり、世界遺産である赤レンガのロスキレ大聖堂とバイキング博物館と見所は多い。 という訳でロスキレ(Roskilde)に前泊し、欲張りだが街と港の両方を散策したのである。

　トラム博物館へのアクセスは Borup 駅からとなる。 路線バスもあるが時間が掛かり本数も少なく、おまけに乗り換えも必要と大変なのだが、博物館側もその点を配慮しているようで、レトロバスを Borup 駅とトラム博物館の間を運行している。 但し4月末から9月末まで、主に土曜日の特別運行日のみとなるがそれに合わしてスケジュールを計画しよう。 レトロバスの運行日と時刻や博物館の開館日は、基本的には 4/21〜10/20 の土、日、祝日 10:00〜17:00 だが、ホームページに記載されているので詳細確認が必要である。(www.sporvejsmuseet.dk)

　博物館は 1978 年に開設、ボランティアによる運営を行っている。 コペンハーゲンの南西約 65 km に位置し、デンマークらしい美しい田舎にある町 Ringsted と古くからバイキングが居住していた歴史ある街ロスキレとの間にある田舎 Jystrup にある。 単なる動態保存の博物館でないのだ。 敷地内の森に距離約 1.7 km の路線を敷き、デンマークの 3 都市、コペンハーゲン(Copenhagen)、オーデンセ(Odense)、オーフス(Aarhus)の路面電車や他のヨーロッパの路面電車までも走らせている。 博物館入口から中央の広場まではメーターゲージ狭軌の軌間 1000mm 路線でオーフスの路面電車が案内してくれる。 広場から森の奥までは標準軌の軌間 1435mm の路線が敷かれている。 因みにデンマークではコペンハーゲンとオーデンセの路面電車は標準ゲージであった。

　博物館を運営する協会(Sporveje Historisk Selskab)、デンマーク路面電車歴史協会は 1965 年に設立、それ以来協会は 100 台以上の路面電車、トロリーバス、ガソリン/ディーゼルバス収集し、博物館内で修復復元作業を続けている。

　敷地内の終点停留所 Eilers Eg のピクニック広場には、ドイツ/デュッセルドルフのトラムを活用、カフェトラムではコーヒーやケーキ、アイスを販売、木漏れ日の屋外ベンチでもランチが楽しめる。

レトロバス

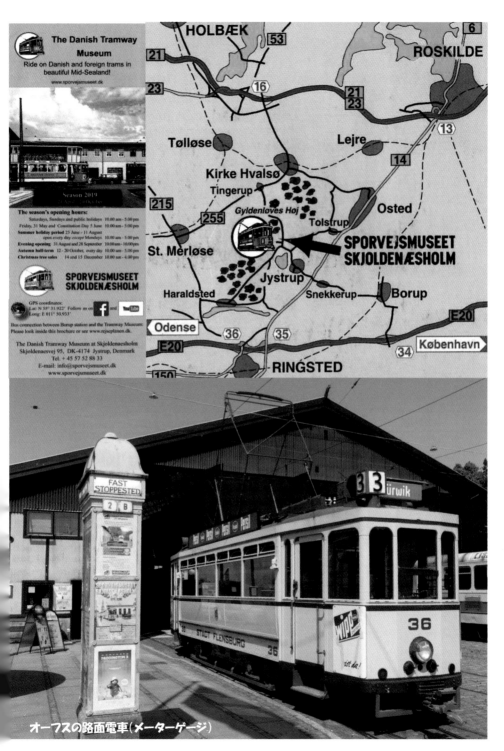

オーフスの路面電車（メーターゲージ）

251

Borup 駅のバス停付近で待っていると、11:05 発の大型レトロバスがやってきた。 なんとスタイルは丸顔で男前、白と黄色のツートンカラー、1968 年製造、DAB på Leyland chassis 社製、型式：KS 322、バスのシリーズ"Leyland serie 2"である。 1982 年からトラム博物館で保有、運用されている。 11:30博物館入口前に到着、乗車時間は25分。 入口は看板のみで駐車場の横の坂を上ると、中

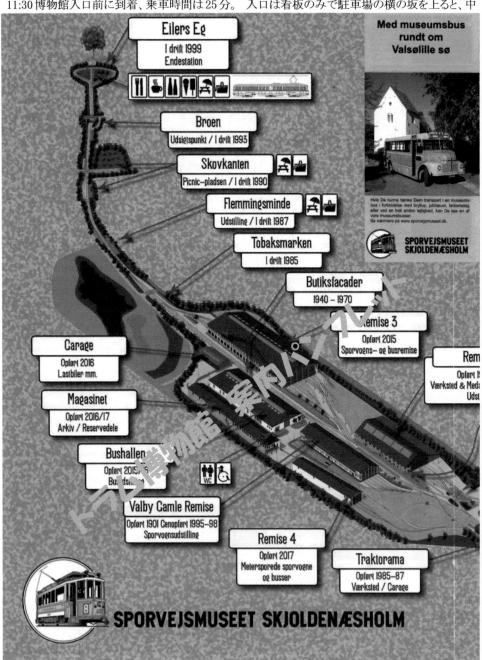

央広場と結ぶシャトルトラムの乗り場がある。　帰りも入り口前付近で待つことになるが、バスの乗客は既に乗り込んでいたので博物館中央広場が始発バス停かも知れない。

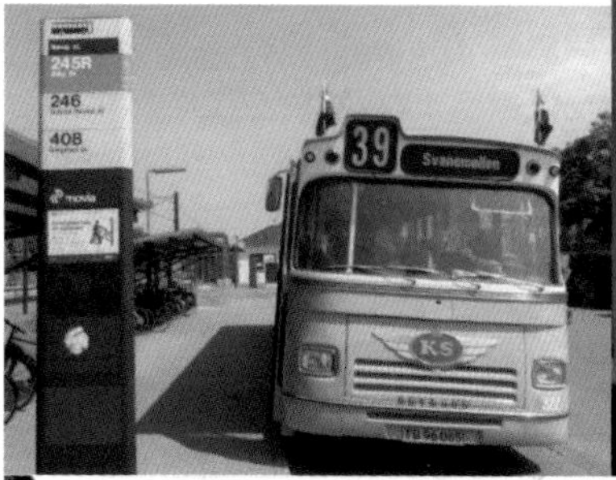

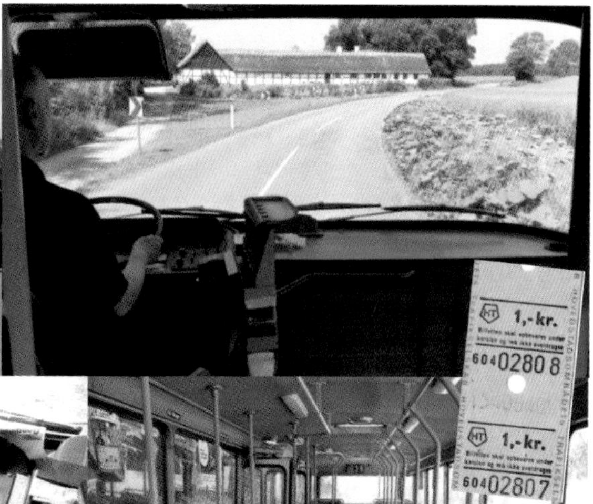

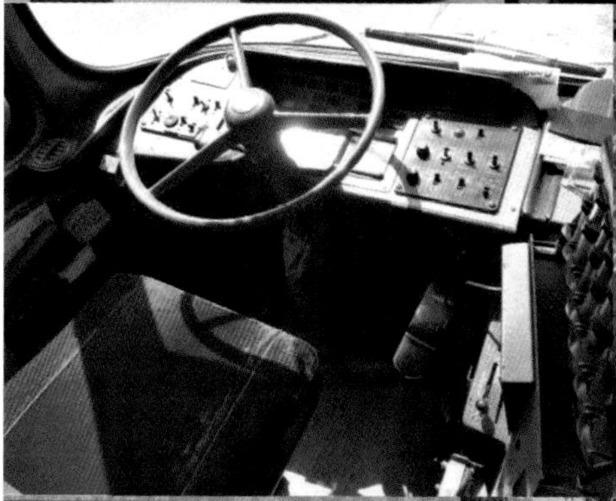

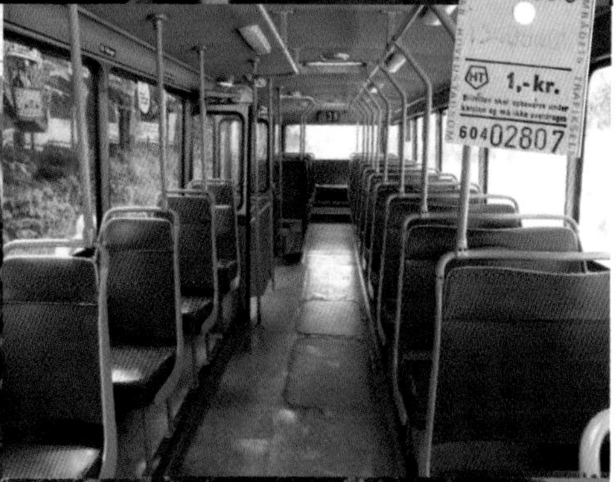

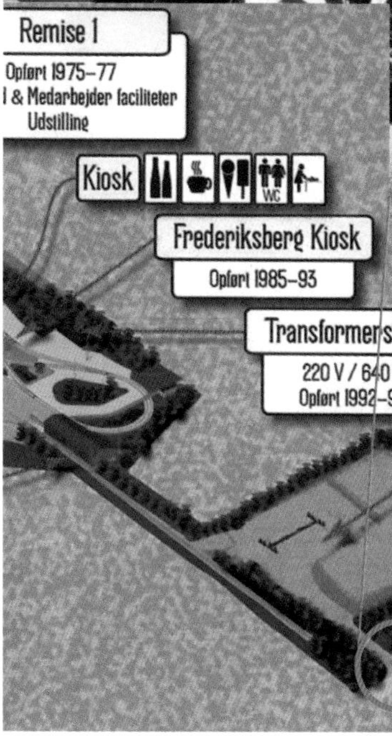

Remise 1
Opført 1975-77
I & Medarbejder faciliteter
Udstilling

Kiosk

Frederiksberg Kiosk
Opført 1985-93

Transformerstation
220 V / 640 V
Opført 1992-93

P

Indgang

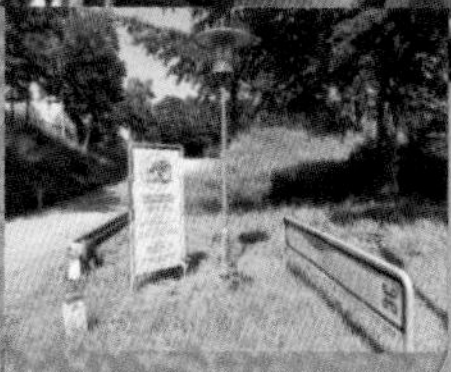

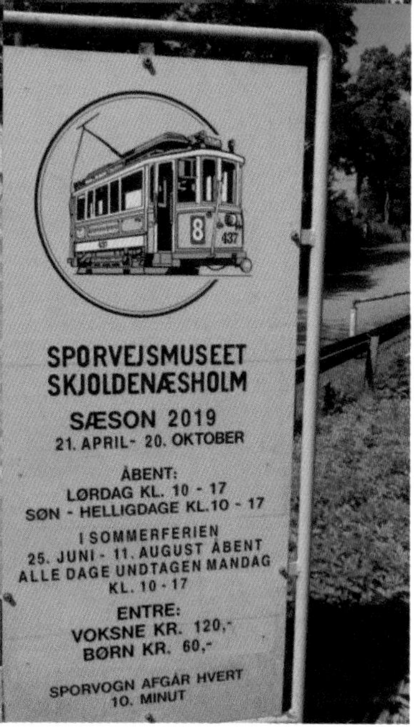

SPORVEJSMUSEET
SKJOLDENÆSHOLM

SÆSON 2019
21. APRIL - 20. OKTOBER

ÅBENT:
LØRDAG KL. 10 - 17
SØN - HELLIGDAGE KL.10 - 17

I SOMMERFERIEN
25. JUNI - 11. AUGUST ÅBENT
ALLE DAGE UNDTAGEN MANDAG
KL. 10 - 17

ENTRE:
VOKSNE KR. 120,-
BØRN KR. 60,-

SPORVOGN AFGÅR HVERT
10. MINUT

駅のスタッフから入場券(120DKK)を購入。　博物館入口と中央広場を結ぶシャトルトラムはメーターゲージ(軌間：1000mm)路線。シャトル乗り場で待っていると、ユトランド半島のデンマークとの国境近くの町、ドイツ/フレンスブルクで使われていた旧路面電車(型式：SFV36)がやってきた。　実は、レトロバスの乗客が多かったので一本乗車を遅らせたのだ。

ハノーファー(Hannover)の HAWA 社　1926 年製造の路面電車、車内の内装は当然木質系で居心地と座り心地が良い。　運転操作パネルはシンプルなのだが、出発すると運転士が何やらレバーをガチャガチャ廻し、忙しいのだ。　車庫の前にある中央広場停留所に到着、向かって右側の車庫棟には博物館事務所、売店、お手洗い等があり、メーターゲージ(軌間：1000mm)トラム用の車庫と修復整備中の宝物が所狭しと保存されている。　2 階の通路は博物館事務所内なので立ち入り禁止であったが、厚かましくスタッフにお願いして撮影。　その中にオーデンセで使われていた修復中の旧路面電車が。許可を頂き撮影することができた。　左側の車庫棟は標準ゲージ(軌間：1435mm)トラム他の展示とイベントスペースがある。　その奥の棟には馬車や 1872～2009 年代に使われたガソリン/ディーゼルバス、トロリーバスの展示がある。　車庫の間の路線には森の中の終着停留所 Eilers Eg 行きの乗り場がある。

今、オーデンセでは 2021 年トラム復活の開業に向けて突貫工事が行われている。 1911 年から 1952 年まで市内を走っていた路面電車が、ここトラム博物館に保存されているという情報を得たのが訪れたきっかけの一つでもある。 スタッフに撮影したいと伝えると快く OK、車庫内では修復作業中なので立ち入り禁止であったが、特別に案内して頂いた。 2021 年の開業（予定）ではオーデンセの街中を新しい低床型のライトレールが走り始め、脚光を浴びると思うが、修復中のこのノスタルジックな旧路面電車も是非走らせて欲しいものだ。

　博物館内でもう一つ興味を抱いたのが、かつて首都コペンハーゲン市内を走っていた旧路面電車（型式：FS50、1915 年 N. Larsens Vognfabrik 製造）で、2 階建てだ。 コペンハーゲンはかつて、スカンジナビアの都市の中で最も広範囲な路面電車網を有していたが、1955 年から 1972 年まで順次バス運行に変更されたようだ。 博物館内の中央広場と森の奥までを結ぶ路線（標準軌道）を行ったり来たりと忙しく仕事をしている様は、100 歳近い年齢とは思えない走りである。

旧路面の絵葉書購入

オーデンセの旧路面電車修復中

コペンハーゲン旧路面電車

257

木漏れ日の射す森の駅 Eilers Eg は路面電車の終着駅、とは言っても行き止まりでなくてループ線となっているので、トラムは方向転換する必要なしである。　ループ線に囲まれたピクニック広場には、ドイツ/デュッセルドルフの旧トラムを活用したカフェトラムでコーヒーやケーキ、飲み物、サンドイッチ等のランチ軽食を楽しめる。

　現役時には環境関連、廃棄物処理の企画、開発、設計と機械プラントエンジニアの仕事をしていたが、環境先進国ドイツの廃プラスティックの破砕、選別、造粒技術やマテリアル、サーマル技術動向についての調査と環境国際メッセに行く機会があり、デュッセルドルフでこのトラムに乗ったことがある。懐かしいビジネスマン時代の記憶がよみがえる。

ドイツ/デュッセルドルフの旧路面電車を活用したカフェトラム

見落としてはいけない二つの展示場。　一つは旧路面電車の展示棟（標準軌）、ノスタルジックな年代物のトラムと蝋人形が見物である。　もう一つは、隣のバス展示棟では珍しい旧乗り合いバスや馬車が興味を引く。　又、展示棟の間にはレトロでヴィンテージなツアーバス乗り場があり、博物館周辺の歴史ある田舎の景色を見ながら、湖(Valsølille Sø)の周りを運転手のガイド付きで３回/日運行があるのでレトロバスファンにお勧めである。

デンマーク鉄道博物館(Danmarks Jernbanemuseum)
オーデンセにあるスカンディナヴィア最大の鉄道博物館
www.jernbanemuseet.dk

　デンマーク鉄道博物館(Danmarks Jernbanemuseum)は、首都コペンハーゲン(Copenhagen)の中央駅(Københavns Hovedbanegård)から鉄道博物館のあるオーデンセ中央駅(Odense Railway Station Centre)迄、デンマーク国鉄(DSB:Danske Statsbaner)の特急列車インターシティー(IC)かインターシティー・リュン(LYN)に乗車し、所要時間約1時間30分で着く。　路線のハイライトはデンマーク鉄道博物館のあるオーデンセに行く途中、首都コペンハーゲンがあるデンマーク最大のシュラン島から二番目に大きいフュン島に渡るとき。　この間にあるグレートベルト海峡をグレートベルト・リンク(Great Belt Link)と呼ばれる、自動車用の吊り橋イーストブリッジと鉄道用の海底トンネルを組み合わせた交通路で二つの島を結んでいる。　鉄道は海底を潜り、海峡の真ん中にある小さなスプロウエ(Sprogø)島で顔を出し、今度は鉄道道路併用橋のウェストブリッジを車窓から併走する車を横目に見ながらフュン島に渡ることになる。

　オーデンセ中央駅はレストランやカフェの入る複合施設、その2階に改札口と通路がある。　裏玄関(北出口)を出ると目の前がデンマーク鉄道博物館である。　駅の正面玄関(南出口)を出ると、2020年の完成を目指しトラム路線の建設中。なんと廃止された旧トラム路線が復活するそうだ。　正面玄関を出て右手へ広いメイン通り(Østre Stationsvej)を東に少し歩くと、路線を跨ぐ歩行者・自転車専用の跨線橋(Byens Bro)がある。　ここが駅構内に出入りする列車が撮影できる絶好の撮影ポイントなのだ。

　鉄道博物館の建物は1954年にデンマーク国鉄(DSB)と私鉄(North Funen)のための機関庫として建築された。　展示されているのは1869年製デンマーク最古の蒸気機関車H40。1900年代初頭にコペンハーゲンの市内から北部13kmのところにある野生の鹿が保護されている森林と草原の自然保護区、自然公園「Dyrehaven Park」に市民を運んだ珍しい2階建てダブルデッカー客車だ。フレデリク9世の御召し列車を牽引したE型蒸気機関車やNOHAB製のディーゼル機関車等も保存され、鉄道の歴史を紹介してくれる。　博物館の開館日は、クリスマスと年末・年始を除き毎日の10:00〜16:00、駅から近いのでお勧めである。

オーデンセ跨線橋から

H.C.アンデルセンが"大の鉄道旅好き"だったことが紹介されている

デンマーク鉄道博物館

Velkommen til
DANMARKS JERNBANEMUSEUM

Der er masser af lokomotiver, vogne og genstande knyttet til jernbanehistorien. De fleste må gerne røres. Der er adgang til mange vogne og lokomotiver. Der er mange trapper, skinner og steder, hvor man kan falde, så pas godt på dig selv og dine børn.

Vi ønsker dig og din familie en god dag.

Vi har åbent kl. 10-16.

1 Kør med minitoget, kørsler kl. 11-15.30. Udkald over højttaleren inden kørslen. Minitoget kører inde eller ude, afhængig af vejret.

2 Børnebanegården, kl. 10-16 (balkon). NYHED: Prøv det nye legeland i børnestørrelse.

3 Wagons-Lits spise- og sovevogn, kl. 10-16. Se bagsiden.

4 Udendørs modelbane, kl. 10-16.

5 Sikkerhed! kl. 10-16 (balkon). Særudstilling om jernbanesikkerhed.

6 Klodsområde, kl. 10-16 (balkon). Byg las med de mange togskinner, tog og klodser.

‖ Medbragt mad og drikke kan nydes rundt om på museet, bl.a. på balkonen. Drikkelse og is sælges i billetsalget.

Trækvogne udlånes gratis. De findes ved spor 1.

VÆR FORSIGTIG!
Hor du ros eller ris til dit besøg, hører vi det gerne. Kontakt vores museumsværter i billetsalget eller ved udstillingen.

Færdsel på området sker på eget ansvar. Færdsel uden for publikumsområderne er forbudt! Pas især på ved ind- og udstigning af togene.

朝焼けの中、鉄道路線はこれから並走する道路と別れ、海峡を潜る海底トンネルに入り（通過時間７分）、コペンハーゲンに向かって快走する

帰りの車窓から撮影

Storebælt
på 7 minutter

DSB

鉄道博物館内
展示パネル

Nyborg

Nyborg St.

グレートベルト・リンク(Storebælt)
"Great Belt Link"

スプロウエ島
(Sprogø)

車窓から撮影

Korsør St.

Halsskov

イーストトンネル(1997 年)
イーストブリッジ(1998 年)

ウエストブリッジ
鉄道道路併用橋

因みに、イーストブリッジは世界第３位
（１位は日本の明石海峡大橋）

ATC fungerer som en overbygning på sikringsanlæggene. ATC overfører informationer mellem sikringsanlæg og linieblok på den ene side og toget på den anden.

Hvis lokomotivføreren kører for hurtigt, griber ATC-systemet automatisk ind og nedsætter togets hastighed. ATC-anlægget kan om nødvendigt standse toget helt.

ATC-anlæggene er allså et supplement til sikrings- og linieblokanlæggene både på Storebæltsforbindelsen og på alle de andre hovedstrækninger i Danmark, hvor ATC indføres.

鉄道博物館内
展示パネル

デンマーク鉄道博物館(Danmarks Jernbanemuseum)

　鉄道博物に入るとまず驚かされたのは、保存車両が所狭しとレイアウト配置され、建屋内装は北欧風の趣向、白を基調に自然光を取り入れた扇型機関庫内となっていること。　そこは古い蒸機や客車の単なる展示でなく、19 世紀にオーデンセの街が生んだ童話作家・詩人である「ハンス・クリスチャン・アンデルセン(H.C.Andersen)」が、一生旅から旅に過し、旅先で即興詩人、人魚姫、みにくいアヒルの子、裸の王様等の童話を生み出したことも紹介されている。　鉄道旅をした当時の様子を再現した蝋人形はリアルで圧倒される。

　1869 年製デンマーク最古の蒸気機関車 H40 の展示案内パネルには、タイトルを「アンデルセンと鉄の馬」として次のように紹介されている。　彼はデンマーク王国で最初の鉄道が開通する 7 年前、1840 年にドイツで初めて蒸気機関車の鉄道旅を経験したようだ。　当時、アンデルセンは乗合馬車による旅経験が豊富な旅行者であった。　彼は列車旅で不安や興奮したことを日記に残した。蒸気機関車が客車を牽引するという全く新しい交通手段であることや人との出会い、当時の鉄道旅の様子などが書き留められている。あふれる好奇心、いちずさ、人間好きが結実し、「童話の王様」とまで称えられる作品が生まれたのである。　デンマークの鉄道の歴史だけでなく、旅に生きたハンス・クリスチャン・アンデルセンを鉄道博物館内でも偲ぶことができる。

　ユトランド半島で最初の鉄道は、1862 年オーフス(Århus)とランナース(Randers)の間で開業されている。

デンマーク鉄道博物館内　多くの蒸機が所狭しと保存

当時の旅スタイルを蝋人形でリアルに表現

駅前の自転車置き場

DANMARKS JERNBANEMUSEUM

VELKOMMEN TIL
DANMARKS
JERNBANEMUSEUM
I DAG ÅBENT KL. 10-16
SE VORES AKTIVITETER PÅ
WWW.JERNBANEMUSEET.DK

鉄道博物館は
オーデンセ駅北口から直ぐ

デンマーク鉄道博物館入口

Billet/Ticket/Karte

DANMARKS JERNBANEMUSEUM

動輪 2 軸のテンダー式　40 型蒸気機関車　1868 年製造

館内展示の 45 型蒸気機関車は、1869 年に有名な蒸気機関車の製造会社 Robert Stephenson & Co が 11 人乗り客車と、機関室を備えた蒸気機関車を Jutland Funen State Railways に納入。 煙突がデンマークの国旗の色にした最初の蒸気機関車であり、この蒸気機関車は性能が良く、63 年間も現役で稼働したが、1928 年に解体されたようだ。

　当時、旅好きで好奇心旺盛なアンデルセンは、トランクを貨車に積み込み、この蒸気機関車に乗って旅をし、車窓からの景色を眺め「旅することは生きること」という詩を描いたのだろうか。 童話の王様としての地位を築いたからこそ、その頃では汽車という珍しい乗り物でヨーロッパ各地を旅することができたのであろう。

　館内展示で興味を引いたのは、1900 年代初頭にコペンハーゲンの市内から北部 13 ㎞のところにある野生の鹿が保護されている森林と草原の自然保護区、自然公園「Dyrehaven Park」に市民を運んだ珍しいダブルデッカー客車(型式:10 498)である。

　なんと 2 軸客車で全長 9.69m、全高 4.26m もあり、この時代に 2 階建て客車が活躍していたとは吃驚であるが、人気の自然公園「Dyrehaven Park」に多くの市民を運んでいたことが想像でき、その必要性があったとも思える。 1 階の各客室は独立したコンパートメントタイプとなり、着飾った女性の蝋人形がリアルに様子を再現していた。 2 階は一般客室のようである。 20 世紀当時は汽車に乗れるのは、それなりの上流階級だけの移動手段であったようだ。

DSB 型式 1112　NOHAB 社
ディーゼル機関車　1956 年製造

保線用レールバイク

45 型テンダー式蒸気機関車

エンジン付きなのだ!

ダブルデッカー車内

ダブルデッカー客車（型式：10 498）

急な階段を上ると 2 階席

ちょっと興味を引いたのが、ブレーキマンの乗るブレーキ制御室付きの貨車と流線型のラッセル車。　蒸気機関車の汽笛合図でブレーキマンが貨車のブレーキ操作をしていたようで、なんと構内での貨車移動は馬車スタイルなのだ。　又、驚いたのが蒸気機関車の押すラッセル車の先頭形状。今どきの流体工学デザイン以上の設計思想が感じられる。　その他館内には、各種蒸気機関車やディーゼル機関車、王室専用客車、オリエント急行の客車や食堂車、デンマークに鉄道が開業した当時の貨車、除雪車、保線用のレールバイクや自動車、赤いボンネット型乗り合いバス等の多くの車両群が保存展示され、デンマークの鉄道史を知ることができる。

除雪用車両の全面

点検もしている蠟人形作業員　　除雪用ラッセル車

Omnibus Triangel O-21 1935 年製　レトロバス

ブレーキ制御室付き貨車

コーチマン

ブレーキマン

案内板のタイトルは"欠くことのできない馬の役割"1846年、ハンス・クリスチャン・アンデルセンは蒸気機関車を蒸気馬と呼んでいたようだ。しかし、実際の馬は駅や港の構内で活躍、1847年から1920年頃まで、駅と港を結ぶ引き込み線で、機関車・客車・貨車等の全ての車両の入換・牽引作業に馬が使用されていた。というのも、大型機関車が貨車を牽引し移動するには、レールや道床が十分な強度を有していなかった。当時、デンマーク国鉄は、馬と御者(コーチマン)を地元業者に委託契約していたそうだ。

館内2階では、デッキから展示車両が見渡せ、自動車や車両を丸ごと海上輸送していたフェリー全盛時代の歴史を伝える資料館がある。　屋外エリアで特に目を引いたのが「ODIN:オーディーン」蒸気機関車、1847年6月26日にデンマーク王国で最初に走った蒸機であり、コペンハーゲンとロスキレ間を運行した。　1846年イギリス（マンチェスター）でシャープ兄弟（Sharp Brothers）が製造、全長11.65m、総重量20トン（石炭・水を含む）、蒸気圧5kg/cm²、速度50km/hである。

　この「オーディーン」は1876年に廃棄されているので、当然設計図は残っていなかった。　ODIN復活プロジェクトにより2004年ボランティアスタッフが主体になり実物に即した製作図を作成、様々な部品をカスタムメイドで造り上げ、2018年の夏にようやく実機に忠実に復元した実走行が可能なレプリカ完成した。　たまたま現場に来ていたODINプロジェクトのチーフ責任者に話を聞く機会があり、この蒸機の製造に約15年かかったよと、子供のような生き生きした眼差しで語ってくれた。　その間、機関士は明日の運行の準備に忙しく、石炭を罐に入れ、ボイラーを温めるのに力が入る。

　デンマーク国鉄（DSB）の車内雑誌Pssstにも、「オーディーン」が大きく取り上げられていた。

ODIN og HS 415

館内の立て看板には ODIN と
HS415 蒸機の特別運行案内

Der findes ingen originaltegninger af ODIN, som blev ophugget i 1876. Mange år, før man begyndte at indsamle lokomotiver og vogne til et museum. Det første led i ODIN-projektet var derfor at få fremstillet retvisende tegninger på basis af samtidige lokomotiver og kilder. Tegningerne lå færdige i 2004.

I 2005 begyndte byggeprocessen i museets værksted i den fredede remise i Roskilde. Den værkstedsansvarlige og et større hold af frivillige har stået for arbejdet. De mange forskellige dele er specialfremstillet, og det har derfor været et tidskrævende projekt. I sommeren 2018 var ODIN klar.

Damplokomotivet HS 415 fra Vulcan
HS 415 fra 1901 er bygget på den danske fabrik Vulcan i Maribo. Det er et ranger-lokomotiv, som blev anvendt på de danske stationer. Det var i drift frem til slutningen af 1960'erne. Herefter blev lokomotivet overdraget til Danmarks Jernbanemuseum. Lokomotivet er ét af to bevarede lokomotiver fra A/S Vulcan. C.F. Kiehn, der blev grundlagt i 1874, som jernstøberi og maskinfabrik. I midten af 1890'erne blev produktionen udvidet til at omfatte jernbanemateriel. Fabrikken blev i 1906 solgt til vognfabrikken Scandia i Randers.

Kør med ODIN
Danmarks første lokomotiv

ODIN er museets nybyggede 1:1 kopi af Danmarks første lokomotiv fra 1846, som trækker C 16 og Danmarks ældste personvogn, Grønholtvognen. Stig ombord på ODIN fra Dronning Louises Station på følgende dage

Lørdag den 29. juni	**Tirsdag den 2. juli**
Lørdag den 6. juli	**Tirsdag den 9. juli**
Lørdag den 13. juli	**Tirsdag den 30. juli**
Lørdag den 3. august	**Tirsdag den 6. august**

Der er afgang hver halve time i tidsrummet kl. 10.30-12.00 & 13.00-15.30. En tur varer ca. 10 minutter

I uge 29 & 30 + den 10. august kører vi hver lørdag og tirsdag med damplokomotivet HS 415 fra 1901. I tilfælde af tørke kører vi ikke med damplokomotiv, men med motorvogn MO 1846 fra 1954.

The Odin Project
Design and Construction of Denmark's First Locomotive
Prepared for The Danish Railway Museum
by
Michael R. Bailey and John P. Glithero

　2019年度、「オーディーン」の蒸機機関車特別運行は、6/29、7/2,6,9,13,30、8/3,6に運転され、夏季休暇期間の7月に運行が多い。　乗車は10:30〜12:00/13:00〜15:30、この間は30分おきに出発となる。　乗車時間は約10分だが、構内からDSBの路線に入るようだ。　又、HS415型蒸機の運行日もある。

270

NYHED: ODIN
EN KOPI AF DANMARKS
FØRSTE LOKOMOTIV

Siden 2005 har Danmarks Jernbanemuseum arbejdet på en 1:1 funktionsduelig kopi af Danmarks første lokomotiv, ODIN. Det er bygget helt fra bunden og uden det originale lokomotiv som pejling.

Kig ind og oplev resultatet af det omfattende og komplicerede byggeprojekt.

Se udstillingen, der har fokus på ODIN og årene omkring 1847, hvor den første jernbane i det danske kongerige åbnede.

Museet har åbent alle dage kl. 10-16.

www.jernbanemuseet.dk
Følg os på Facebook

入換用ディーゼルに牽引され「ODIN:オーディーン」蒸機が給炭・給水場所に移動

　大規模都市計画により、街の中心部に収容能力約950台の地下駐車場を整備、ライトレールを復活と環境に優しい街造りを目指している。　情報発信案内所では、タッチパネルでプロジェクトの概要を説明してくれる係員の声は弾み、目は輝いて、2020年が待ち遠しい様である。　説明用タッチパネルで1920年代の路面電車の写真を見せてくれた。　モータリゼーションにより廃止となった路面電車だが、復活するのだ。　昔の路面電車の軌道跡にトラムを復活させる大規模プロジェクトは2020年に開業予定（第一段階は14.5km）、南デンマーク大学、新設総合病院、大規模ショッピングモール、スエーデン家具のイケア店とも直結し、パークエンドライド方式を採用、郊外に駐車場を設け、そこからトラムに乗車する。　街中に入る車を制限し、環境に優しい街造りが始まっている。　低床型の路面電車LRTを導入・復活と2020年が待ち遠しいぞ！　突貫工事中だが2021年にずれ込むかもしれないそうだ（情報発信センターは本格工事のエリア内なので現在閉鎖中）。　工事現場には路線の計画概要についての説明板があり、ライトレール路線の総延長約14.5km、TraupからHjalleseまでの間に26の駅を設け、乗車時間は約42分と予想している。　トラムは最大8本/Hの運行予定で、列車一編成当たり200人以上の収容能力があると記載している。(odenseletbane.dk 参照)

　オーデン市では1911年〜1952年まで路面電車が走り、そのレトロな1台とトレーラ2台が、オーデンセのフュン島の隣島であるデンマーク最大のシェラン島にあるロスキレ(Roskilde)から南西約 10 kmの所にあるトラム博物館(Tramway Museum Skjoldenæsholm)に保存されているとの情報が得られたので訪れてみた。　車庫内で修復作業中、立ち入り禁止であったが、スタッフの好意で見学できた。2021年には里帰りし、レトロな路面電車も走らせて欲しい。

- Odense Letbane forventes i drift ved udgangen af 2020
- Letbanen er samlet cirka 14,5 kilometer lang
- Der bliver i alt 26 stationer på linjen fra Tarup til Hjallese
- Hele turen forventes at tage omkring 42 minutter
- Der er op til otte afgang i timen i begge retninger
- Et letbanetog kan rumme mere end 200 passagerer

北方面住宅地へ

Vi har ÅBEN!

Stadionvej 通り

オーデンセ中央駅へ

Middelfartvej 通りと Stadionvej 通りの交差点

Middelfartvej 通り

オーデンセ中央駅前は工事中

f 🅞 in odenseletbane.dk

トラムの工事案内板

Odense Letbane forventes i drift ved udgangen af 2020

都市計画の情報発信センター

Sporvogn på Sdr. Boulevard ud for nr. 2-12 – Billede fra 1920

1920 年代の路面電車

タッチパネルで紹介

オーデンセ駅前通り
(Østre Stationsvej)予想図 odenseletbane.dk より

大規模ショッピングモール前　建設工事中（バス車窓）

南デンマーク大学の校内を縦断

Undskyld vi roder

路線は森の中も走る

Find vej rundt på SDU på cykel

Brug disse cykelruter i forbindelse med anlæg af Letbanen og byggearbejder.

Find your way around SDU on bicycle
Use these bicycle paths during construction works and tramway construction.

Nyborgvej 通り
路線は住宅地を東へ

南デンマーク大学の校内を縦断

274

オーデンセトラム路線　建設工事中
Hestehaven 通り

　オーデンセ中央駅から約 15 分乗車、デンマーク国鉄ローカル線の駅 Hjallese 駅に着く。 トラムに接続される予定のこの駅からオーデンセに向かって建設中の路線を歩いて見た。 工業団地のある国道、森の中、この森になんとオーデンセ総合病院が全面移転するらしい。 南デンマーク大学のど真ん中を縦断、またまた森の中へと入る。 大学前からオーデンセ行きの路線バスに乗車したが、バスは建設工事中の道を進み、スエーデン家具のイケア、大規模ショッピングモール前を通過、市内に近づくと住宅地、スーパーマーケットではスイカの大売り出しのようだ。

Her bygger Region Syddanmark
Danmarks nye store universitetshospital
Nyt OUH

オーデンセ総合病院の全面移転

LÆS MERE OM BYGGERIET PÅ:
www.nytouh.dk eller facebook.com/nytouh

オーデンセ旧路面電車(トラム博物館)

北西部 Tarup 駅

オーデンセ中央駅

町の最南端 Hjallese 駅

Odense Letbane (1. etape)
Odense Letbane (2. etape)
Skift til regional- og fjerntog

ディーゼル機関車保存鉄道 www.veteranbanen-faaborg.dk
南フュン島の古典的な鉄道(Syd Fyenske Veteranjernbane)
フュン(Fyn)島南部の港町faaborg(ファボルグ)からKorinth(コレント)へ
デンマーク自慢のディーゼル機関車が、ノスタルジックな客車を牽引

　フュン(Fyn)島南部の港町ファボルグ(Faaborg)が始発駅。出発すると右手車窓から遠方の海には小さな島の群島が垣間見られ、牧草地や森の中を走る。　路線は北上し乗車時間30分で終着駅コレント(Korinth)に到着する。　レンゲ(Ringe) と ファボルグ間の鉄道路線(標準軌 1435mm)の内、生き残ったこの路線を活用し、ディーゼル機関車がノスタルジックな客車を牽引している保存鉄道である。

　フュン島の中心に位置するオーデンセは、童話作家アンデルセンの生誕地と知られている。　このオーデンセからファボルグに行くには、オーデンセ中央駅からデンマーク国鉄(DSB)のスベンボー(Svendborg)行きローカル線に乗車し約 30 分、途中のクヴェアンドロプ(Kværndrup)駅で faaborg Midtfyn 行きの路線バスに乗り換えて約50分、鉄道とバスを乗り継いで約1時間20分でファボルグの港町に着く。　運営する協会(SFvJ :Syd Fyenske Veteranjernbane)はボランティア団体であり、約100 人の会員を有しその内 10〜15 人が自由時間の大部分を列車の運転や機関車、客車、貨車のメンテナンスに費やしているそうだ。　機関庫内を見学できる機会があったが、今日運行予定のディーゼル機関車は前照灯を点灯し出発準備中。　型式はVLTJ ML12、1952 年デンマークのオーフスで製造され、700 馬力、最高速度 75 km/h である。　1990 年から SFvJ に配属されている。　機関庫内には修復中の車両が所狭しと保存され作業道具が至る所に置かれ、維持管理が大変だと感じ

ファボルグの機関庫内には今日運行する
ディーゼル機関車形式　VLTJ ML12

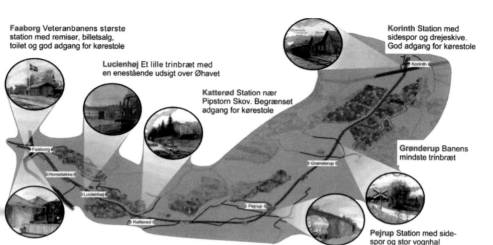

Faaborg Veteranbanens største station med remiser, billetsalg, toilet og god adgang for kørestole

Lucienhøj Et lille trinbræt med en enestående udsigt over Øhavet

Katterød Station nær Pipstorn Skov. Begrænset adgang for kørestole

Korinth Station med sidespor og drejeskive. God adgang for kørestole

Grønderup Banens mindste trinbræt

Pejrup Station med sidespor og stor vognhal

た。　協会はこの Syd Fyenske Jernbaners の旧機関庫内にある。

　保存鉄道が走る路線は、1882 年 4 月 1 日に開通した Ringe-Faaborg Railway(RFB)の一部である。1962 年に旅客輸送が中止された。　1992 年 5 月にこの保存鉄道が正式に発足、ファボルグとレンゲ間を運行していたが 2002 年にはレンゲとコレント間を休止、路線が撤去された。　デンマーク森林自然局はこの路線跡を自然歩道・自転車道として整備している。　ファボルグとコレント間の路線は生き残り、ノスタルジックな客車を牽引するディーゼル機関車を今も走らせている。

　季節運行であるが、6 月末から 8 月までの主に火曜日と日曜日に 2 往復/日、車窓からデンマークらしい牧草地と森の景色を楽しませてくれる。　始発駅のファボルグには客車を活用した売店があり、鉄道雑誌やグッズを販売、展示資料やパネルからは鉄道の歴史を理解できる。　終着駅のコレントでも駅舎内のキオスク売店ではコーヒー、アイスクリームを販売、歴史ある旧駅舎内で休憩できる。

Syd Fyenske Veteranjernbane

Timetable **Køreplan** Fahrplan
2019
Banegårdspladsen 10, Faaborg
www.veteranbanen-faaborg.dk

Køredage 2019

Sammenhold de farvede datoer med tilsvarende farvet køreplan for at se den pågældende dags køreplan. Dato uden farvet baggrund betyder, der ikke kører tog denne dag.

Juni

Ma	Ti	On	To	Fr	Lø	Sø
					1	2
3	4	5	6	7	8	9
10	11	12	13	14	15	16
17	18	19	20	21	22	23
24	25	26	27	28	29	30

Juli

Ma	Ti	On	To	Fr	Lø	Sø
1	2	3	4	5	6	7
8	9	10	11	12	13	14
15	16	17	18	19	20	21
22	23	24	25	26	27	28
29	30	31				

August

Ma	Ti	On	To	Fr	Lø	Sø
			1	2	3	4
5	6	7	8	9	10	11
12	13	14	15	16	17	18
19	20	21	22	23	24	25
26	27	28	29	30	31	

Øvrige køredage:
Uge 42: Efterårsferie
16. og 17. oktober
Grøn køreplan

Juletog: 7. og 8. december
Rød køreplan

Billetpriser　Enkelt　Retur

Faaborg - Korinth　kr. 50　kr. 90
Barn under 12 år　kr. 25　kr. 45
Barn under 4 år　gratis　gratis
Cykel og barnevogn　gratis　gratis

Luft og lappegrej til cyklen i Faaborg og Korinth

Kontant betaling eller MobilePay.
Billetkontoret i Faaborg åbner ca. 1 time før togafgang. ☎ 6167 1216

De fleste tog medfører vogn med elektrisk lift til kørestole.

Kørestolsbrugere bedes reservere plads senest 2 timer før afgang på tlf. 20151553

Hvor finder vi veterantoget ?

I Faaborg kører veterantoget fra Banegårdspladsen 10, 5600 Faaborg.
Scan koden og få vist kort på din mobil m.v.

Køreplaner 2019

Grøn køreplan

				Ordinære tog Afg. = afgang Ank. = ankomst
Faaborg	Afg.	11:00	14:00	
Korinth	Ank.	11:30	14:30	
				1 times ophold i Korinth på turen kl. 11.00, så der er tid til at nyde madpakke, lege, motionere og se toget rangere ☺
Korinth	Afg.	12:30	15:00	
Faaborg	Ank.	13:00	15:30	

Torsdage uge 28 - 30
Aften- og vægtertur
På aftenturen modtager en af vægterne passagererne i Faaborg kl. 20.30. Følg gerne med til vægterrundgang fra Klokketårnet kl. 21.00.

Blå køreplan

Faaborg	Afg.	11:00	14:00	**19:00**
Korinth	Ank.	11:30	14:30	**19:30**
Korinth	Afg.	12:30	15:00	**20:00**
Faaborg	Ank.	13:00	15:30	**20:30**

Rød køreplan

				Juletog
Faaborg	Afg.	10:30	14:00	
Korinth	Ank.	11:00	14:30	Kør med juletoget til Korinth, hvor der er en times ophold til køb af gløgg, kaffe m.m., som kan nydes i den lune ventesal.
Korinth	Afg.	12:00	15:30	
Faaborg	Ank.	12:30	16:00	

Se afgangstider fra mellemstationerne Lucienhøj, Katterød, Pejrup og Grønderup på vores hjemmeside veteranbanen-faaborg.dk

Besøg kiosken i Korinth: Kaffe, is, sodavand m.m.

Bryllup, fødselsdag, firmaudflugt eller skovtur?

Lej dit eget tog! Vi laver en køreplan efter dit ønske. Der kan gøres ophold under togturen, så der bliver tid til spisning, travetur eller blot at nyde udsigten over Øhavet. I Korinth kan den gamle ventesal med borde og stole bruges til arrangementet.

Bestilling af særtog ☎ 2015 1553

特別運行日の日曜日、朝早くからのファボルグ(Faaborg)駅に向かう。 駅の入り口傍に郵便車両(Postkontor DSB 102 DB)を上手く活用している売店があったので覗くと、鉄道雑誌やグッズを展示販売している。 郵便の仕分け棚がパンフレット入れとして復活、スタッフから古い絵葉書とボランティア活動の冊子を無料だと頂いた。 構内で撮影していると、スタッフから声が掛かり、機関庫を案内するからついてこいという訳で、路線を跨ぎ少し先の機関庫へ。なんとこの南フュン島鉄道の責任者だそうだ。 今日の運行を受け持つデンマーク自慢のディーゼル機関車(VLTJ ML12)が出発準備中だそうだ。 見せるからと得意気なのだ。

郵便車両(DSB102DB)を活用した売店

278

Syd Fyenske Veteranjernbane

Faaborg Station

Oversigtskort

入口　売店/チケット販売　蒸機デポ　　　　トラバーサー

1　Indgang fra Banegårds-pladsen
案内板　Informa-tionstavle

2　給水栓　Vandkran

3

4　Postvogn med billetsalg
WC　Toilet

5

6　プラットホーム　Perron

7　Damp-remise

8　水タンク車　tankvogn (Vand til vandkran)

9　PB-vogn med kul til
無蓋貨車

10　Skydebro

11　Motor-vogns-remise

12　車庫　Vogns...
給水塔

13　Rundremise
修復保存棟　Opholdsbygning for SFvJ

14　SFvJ 建屋　Jernbane-overskæring Svendborgvej

15　踏切

1993 年

1989 年

ファボルグ(Faaborg)駅

VLTJ
ML 12

今日運行するディーゼル機関車　形式　VLTJ ML12

南フュン島鉄道の機関庫は Syd Fyenske Jernbaners の旧扇形機関庫を改修して利用している。扇形機関庫内は修復作業エリア、前の転車台は撤去し、アスファルト舗装をして屋外ヤードとなり、手前の別棟を保存鉄道の車庫として使用している。　旧転車台のガーターを横移動装置に改造しているようだ。　今日の仕事を受け持つディーゼル機関車(VLTJ ML12)が車庫内からこの横移動装置(トラバーサー)に移され、本線上に接続される。　機関庫内では、蒸機のオーバーホールだろうか、傍のボイラーは補修中のようだ。　年代物の客車、貨車、自動車タイプの作業用 4 輪車両　もある。　古い車両、鉄道部品や装置は宝物ように大切に保存保管されている。

機関庫

出庫

そろそろ仕事開始！

トラバーサーで横移動

Faaborg Clock Tower

スーパーマーケット

観光案内所

Faaborg Røgeri Café

広場

Havnegade 通り

商店街

Chr. D. lxs Vej 通り

入口

郵便車売店

ファボルグ港

始発駅

機関庫

Faaborg Røgeri Café
www.FaaborgRøgeriCafe.com
Vestkaj 3 - Tlf. 62614232 - 5600 F

Korinth

Hotel Faaborg

Faaborg Plads バス停 A,B
(Faaborg Midtfyn)

南フュン島の古典的な鉄道
Faaborg駅

修復整備工場

旧扇形機関庫内の整備エリア

今日運行予定の客車

281

11:00 ファボルグ(Faaborg)駅を出発。小高い丘の中腹には麦畑、右車窓から海の遠方には小さな島の群島が垣間見られ、路線沿いに小道が続き、撮影ポイントはここだとインプットした。 牧草地や森の中を走り11:30 コレント(Korinth)に着く。 構内には転車台があるが、ディーゼル機関車なので機廻しを開始、貨車と客車 3 両の4両編成を切り離し、駅の奥にある車止めまで移動する。 ここから先レンゲ(Ringe)までは廃線、悲しいかな路線は撤去され遊歩道／自転車道となっている。 駅で入手したパンフレットを見て走りたい気分は高ぶるが、今回は我慢である。 機廻し線を走り先頭に連結、12:30 発のファボルグ行きとなる。 車窓から探した撮影ポイントが待っているぞ。

海の遠方に小さな島の群島

麦畑

森のトンネル

コレント(Korinth)駅に到着
出発まで１時間の休憩タイム

Kiosk

Tog til
Faaborg
afg. kl. 12.30

自転車族

出発前のひと時

残念だが、この先レンゲ迄廃線

ネイチャートレイル
自然歩道／自転車道

Naturstien
Ringe-Korínth

廃線跡の自然歩道／自転車道(コレント～レンゲ)

コレント駅の構内　転車台

284

ネイチャートレイル
自然歩道/自転車道

Ringe ヒンケ

Odense へ オーデンセ

コレント～レンケ泛廃線

16 km

Højrup

Espe

イーエスコウ城

Kværndrup クヴェアンドロプ

路線バスルート

保存鉄道

Hågerup

Korinth コレント

Stenstrup

Faaborg ファボルク

Svendborg スベンボー

Svendborg スベンボー

南フュン島の古典的な保存鉄道
(Syd Fyenske Veteranjernbane)

カフェ　continue med cafe

駅舎　Stationsbygning

Her står du　現在地

倉庫　Pakhus

鉄道情報　Information om Naturstien Ringe/Korinth / Information om jernbanens historie

自然歩道情報

WC　Handicap toilet

転車台　Drejeskive

コレント(Korinth)駅　車止めから先は廃線

機廻し中の仲良し二人

285

ファボルグ(Faaborg)に 13:00 着、次の 2 番列車は 14:00 発なので約 1 時間あるため余裕でお勧め撮影ポイントに移動できた（自転車 10 分、徒歩 30 分）。　路線沿いの麦畑が続く田舎道はグーグル地図にも載っていない土の細い道、すこぶる気持ちが良い。　石の上に木を並べただけのベンチは、れっきとした Horseløkken 駅なのだ。　車窓から眺めた海の遠方には小さな島の群島が見える。　麦畑の傍には雑草の草花が咲きほこり、最高のシチュエーションである。　来たぞ！太陽が雲の間から射していたのに、この時ばかり雲隠れ。　通り過ぎた後も連写、余韻も楽しむ。

南フュン島の古典的な鉄道
Faaborg駅　始発

木のベンチがプラットホーム
停留所 Horseløkken 駅

Korinthへ

撮影ポイント

次の駅では家族連れの乗客があり停車
600mm望遠で撮影（ルミックス FZ300）

海の遠方には小さな島の群島

Horseløkken 駅

次の駅
600mm望遠で撮影

　オーデンセ(Odense)からお馴染みの全面ゴム製の連結幌で覆われた黒マスク特急、インターシティ・リュン(ICL)に乗車。　フュン島を走り、やがてリレベルト海峡を跨ぐ鉄橋に差しかかり、一気にあっけなくユトランド半島に入りフレデリシアに停車。　その後、半島を北上しデンマーク第二の都市オーフス(Arhus)にゆっくりと減速しながら到着する。　というのも行き止まりの駅なので、到着駅は逆向きに発車する出発駅でもあり知らないと吃驚する。　ラナース(Randers)に停車した後、オーデンセから乗り換えなしの約2時間40分で今日の目的地ホーブロー(Hobro)駅に到着する。　ユトランド半島の北東岸にある長さ35kmのマーイエーヤ・フィヨルド(Mariager Fjord)最奥部にホーブローの町がある。　このホーブロー駅前から路線バス(234系統)が保存鉄道の始発駅のあるフィヨルドの名前の由来となったマーイエーヤの町へ運行し、乗車時間は約30分。

　季節運行だが5/末から10月/末までの主に火・木・土と日曜日に2往復/日、ディーゼル機関車か蒸気機関車でノスタルジックな年代物の客車を牽引してくれる。　保存鉄道 MHVJ(MHVJ: Mariager-Handest Veteranjernbane)ではホーブロー港から蒸気船でマーイエーヤ・フィヨルドを航行しマーイエーヤ港へ、蒸気機関車でマーイエーヤ駅からハンデスト(Handest)駅へ、バスに乗り換えてホーブローへと戻る周遊プランを提案している。

　1960年代後半、デンマークではローカル鉄道網のほとんどが閉鎖されたが、その頃に保存鉄道として MHVJ は設立された。　それ以来、貴重な年代物の蒸機や車両を収集し、煙と蒸気は私達を1910〜1950年代に戻る旅にタイムスリップさせてくれる。　チケットも硬券で印刷は昔と同じにして懐かしい切符そのものである。

　保存鉄道の路線は、もともとマーイエーヤ(Mariager)から Faarup を経由してビボー(Viborg)までの鉄道であった。　1927年に開通し、その後39年間続いたが1966年に運行を停止。　その後 Faarupまでの区間はマーイエーヤ市に引き継がれ港への貨物輸送が20年間続いたようだ。　保存鉄道としての復活については苦労があったようだが、1966年に蒸気機関車(VLTJ7)を入手、いろんな問題

Mariager駅（マーイエーヤ）
一番列車が一往復し戻り到着

点を解決し、1970 年に保存鉄道 MHVJ を開通させた。

　マーイエーヤとハンデスト間の路線は 17 km、時速 30 km/h で最も美しいデンマークらしい自然の中を走り、フィヨルド、田園地帯、ブナの森、なだらかな丘陵、湿原、川と車窓からの眺めは飽きることなく、片道 45 分のヴィンテージな旅を楽しませてくれる。

　始発駅マーイエーヤの港側には、保存鉄道の案内所（チケット売り場）があり、パンフレットや資料、鉄道グッズが購入できる。 ここは港の観光施設、ソルトセンター（Saltcentret）で塩についての情報や展示をしている。その奥の岸壁側にはカフェレストラン（Cafe Saltbøssen）では、フィヨルドの海の展望を見ながら新鮮な港ならではの魚料理の食事ができ、岸壁に面したオープンデッキ席もあるので天気の良い日にはお勧めである。 終着駅ハンデストでは手作業による転車台が見物、特別運行日に倉庫の売店キオスクがオープンし、軽食、ビール、アイスクリーム、コーヒーが楽しめる。

Veterantog
Mariager-Handest
2019

Ta' veterantoget
75 år tilbage i tiden

Mariager-Handest Veteranjernbane

Tog Mariager-Handest og omvendt

		Mariager - Handest t/r			
Tog 10	Tog 16			Tog 11	Tog 17
10:50	14:10	Mariager	↑	12:55	16:05
11:02	14:22	Lunddalen		12:44	15:54
11:06	14:26	Fjelsted		12:40	15:50
11:14	14:34	True		12:33	15:43
11:18	14:38	Brødløs		12:28	15:38
11:23	14:43	Vester Tørslev		12:22	15:32
11:29	14:49	Glenstrup		12:16	15:26
11:35	14:55	Handest	↓	12:10	15:20

PRISER	VOKSNE	BØRN
Mariager > Handest (T/R)	Kr. 120,-	Kr. 60,-
Mariager > True (T/R)	Kr. 70,-	Kr. 35,-

Togene standser kun i Lunddalen, Fjelsted, Brødløs, Vester Tørslev og Glenstrup, hvis der er rejsende.

Cykler og barnevogne medtages gratis.

Dagsbillet - kør alt hvad du kan: Voksne 200 kr., børn 4-11 år 100 kr.
Køb af billetter - se bagsiden nederst.
DJK-medlemskort er ikke gyldige til rejser på temadagene.
Ret til ændringer forbeholdes

Datoer, tider og priser 2019

2019	Maj	Juni	Juli	August	Sept.	Oktober
Mandag	27	3 10 17 24	1 8 15 22 29	5 12 19 26	2	14
Tirsdag	28	4 11 18 25	2 9 16 23 30	6 13 20 27	3	15
Onsdag	29	5 12 19 26	3 10 17 24 31	7 14 21 28	4	16
Torsdag	30	6 13 20 27	4 11 18 25	1 8 15 22 29	5	17
Fredag	31	7 14 21 28	5 12 19 26	2 9 16 23 30	6	18
Lørdag		1 8 15 22 29	6 13 20 27	3 10 17 24 31	7 12 19	
Søndag	26	2 9 16 23 30	7 14 21 28	4 11 18 25	1 8	13 20

■ Motortog Triebwagen/Diesel Unit　■ Damptog Dampfzug/Steam Train
■ Trekantruten Veterantog, bus og fjordbåd denne dag

TEMADAGE - særlige arrangementer i 2019

Søndag 26. maj. MOTOR-DAG. Udvidet køreplan med forskellige historiske motortog. Se www.mhvj.dk. Trekantruten kører ikke denne dag.

Onsdag 5. juni. I forbindelse med MAD FOR ALLE køres svipture hele eftermiddagen Mariager-Fjelsted og retur. Ingen anden køreplan denne dag.

Lørdag 29. juni. KULTUR PÅ SKINNER. Kørsel med motortog, hvor togene standser på alle stationer og trinbrætter for fotografering. Trekantruten kører ikke denne dag.

Søndag 7. juli. KUFFERT-DAG. Damptog efter planen. Alle med gammel pap-/læderkuffert kommer gratis med toget. Kom gerne udklædt i "old style". KUFFERT-DAG gælder ikke i kombination med Trekantruten.

Søndag 11. august. DEN STORE TOGDAG. Damptog efter planen. Stærkt udvidet køreplan med mange ekstratog. Se www.mhvj.dk

Lørdag 7. sept. LYSREGATTA. Ordinær kørsel med motortog efter planen. Svipture om aftenen med motortog Mariager-Fjeldsted og retur. Køreplan, se www.mhvj.dk

Søndag 8. sept. BAMSE-DAG. Damptog efter planen. Alle børn under 12 år ifølge med voksne og medbringende sin bamse, kommer *gratis* med toget. BAMSE-DAG gælder ikke i kombination med Trekantruten

Efterårsferien. Tag på KASTANJE-TUR med veteranbanen i de ordinære tog, og saml kastanjer undervejs.

Torsdag 17. oktober. HALLOWEEN aftentog Mariager-Handest og retur med indlagt (u)hygge. Trekantruten kører ikke denne dag.

Trekantruten

Mariager-Handest-Hobro-Mariager

Veterantog - bus - fjordbåd

Samme dage som veterantoget, dog IKKE 26. maj, 5. juni,
29. juni, 17. august samt d. 17. og 20. oktober.
Forhåndsreservation er nødvendig se www.svanen.dk eller tlf. 9852 4677.
Pris: Voksne 190 kr., børn 4-11 år inkl. 95 kr.

		Tur 1	Tur 2	Tur 3	Tur 4
Mariager havn (fjordbåd)	af	10.15	10.15	-	13.15
Hobro havn (fjordbåd)	an	11.25	11.25	-	14.25
Hobro havn (NT bus)	af	11.25	14.30	11.25	14.30
Handest st. (fjordbåd)	an	11.40	14.45	11.40	14.45
Handest st. (veterantog)	af	12.10	15.20	12.10	15.20
Mariager (veterantog)	an	12.55	16.05	12.55	16.05
Mariager (fjordbåd)	af	-	-	13.15	-
Hobro (fjordbåd)	an	-	-	14.25	-

		Tur 5	Tur 6
Hobro havn (fjordbåd)	af		11.45
Mariager (fjordbåd)	an		12.55
Mariager (veterantog)	af	10.50	14.10
Handest st. (veterantog)	af	11.35	14.55
Handest st. (NT bus)	af	12.10	15.10
Hobro havn (NT bus)	an	12.25	15.25
Hobro havn (fjordbåd)	af	14.45	-
Mariager (fjordbåd)	an	15.20	-

Trekantruten er et samarbejde med Mariager-Handest Veteranjernbane,
fjordbåden Svanen og Nordjyllands Trafikselskab som deltagere.
Ret til ændringer forbeholdes!

特別運行日の朝早く、マーイエーヤ駅の傍にある小さな車庫を訪れた。やはり今日の運行に備え暖気運転中である。 大きく手を挙げて挨拶し、写真撮影OKの了解を得る。 給水、給炭もこの機関庫で行うのだがもう済ませてあり、機関士は罐に石炭を投入し出発準備中なのだ。 蒸機はHenschel & Sohn 社(Kassel)製、1928年製造、型式:HV3、2006〜2019年マリアガー機関庫に配属され特別運行日には出番となる。 長さ 9.63m、総重量47.7トン、速度 65 km/h の仕様。

今日はあいにくの雨模様、スタッフが前部のデッキに乗り込み出陣、マーイエーヤ駅に向かう。 駅では客車の入れ替え作業と忙しい。

朝の機関庫は清々しい

蒸気機関車(H.V. 3)1928 年製造
Henschel & Sohn 社(Kassel)

蒸気は出発準備のため車両入換中、
ディーゼルの運行日は左の駆動付きの客車が先頭で5両編成
右の客車は今日の運行に使用、これから客車を隣のホームに移動

マーイエーヤ
Mariager駅の構内

駅構内入線作業

HENSCHEL & SOHN
G.m.b.H.
KASSEL
Nr.21258 - 1928

H.V.
3

さあ、仕事開始！

291

マーイエーヤ駅 11:50 発の一番列車が間もなく出発だ。 雨にも負けず乗客も機関士もワクワク感で気分は最高潮である。チケットは車内でも購入できるが、駅の傍にあるソルトセンター観光施設でも可能。いろんな情報が入手できるので是非覗いて欲しい。 古い絵葉書を購入したが、ホーム隣の客車はこの木製車体のディーゼルカーなのだ。 先頭と最後部の客車は運転室の下部にディーゼルエンジンを搭載し、ラジエターがアクセントで何とも言えない可愛い豚の顔つきである。

Mariager駅ホーム

10:50 発の一番列車

292

足回りを覗くと

ソルトセンター観光施設のチケット売り場

293

もう90歳を超えた1928年製造の蒸機(H.V.3)はヴィンテージな客車2両と貨車の計3両を牽引し、11:50マーイエーヤ駅を出発する。　駅の傍には1930年に建設された古い石炭クレーンが保存。石炭を船から貨車に降ろすのに使われ、工場に鉄道輸送されていた。　貨車一台が小屋の様に置かれ、内部では古き良き時代の鉄道を資料とパネルでの説明があり一息休憩できる。　横にある手動廻しのターンテーブルは、列車到着時に実演され見ることができる。

　列車はマーイエーヤキャンプ場を通り抜け、ブナの森、丘と登り勾配の路線を走る。　車窓右側にマーイエーヤフィヨルド、遠くに漁村が見える。　しばらくすると、路線はフィヨルドから遠ざかり森の中を曲がりくねって進む。　最初の駅　Lunddalen を通過、丘を上り続け頂上に達したところにあるFjelsted駅を通過、下りとなりSvenstrup村を通る。　次の駅Trueでは小休止時間があり、ホームの小さな小屋が印象に残っている。　列車は牧草地を走りBrødløs駅、Vester Tørslev駅を通過、デンマークらしい美しい景色の中を進む。　右車窓にGlenstrup Sø湖の美しい景色が見える。　牧草地を走り道路橋のトンネルを潜ると終着駅ハンデスト(Handest)はもう直ぐだ。　11:35 到着、戻りの出発は12:10である。　ハンデスト駅は当時のまま残され、待合所に入ると80年前に突然戻り、タイムスリップさせてくれる。　駅長室が保存され当時の様子を蝋人形で再現、奥には郵便の仕分け棚がある。待合所には古い蓄音機も置かれ、当時を懐かしむことができる。　倉庫ではキヨスク売店が店開きしている。

丘の上り勾配　　　マーイエーヤフィヨルド　　ブナの森　　　　　牧草地

True 駅　小休憩

Handest駅に到着

機関士にも笑顔

Tog mod:
Mariager
afg. Kl. 12 10

MHV
DAMPTOG

Handest駅　これから切り離し転車台へ

ハンデスト駅で見所の一つが手動廻しの転車台、実は機廻しだろうと思ってホームの先頭で待ち構えていると、鉄道の OB のような方がホームの向こうから大きな声でこっちへ来いと手招きしている。　直ぐに転車台の実演があるぞと言っていると理解した。　鉄道好きに言葉はいらない！本当にありがとう。　こんな出会いがあるから保存鉄道の追いかけは止まらない。

そろそろ出発の時刻

転車台は皆に人気

ホーブロー
Hobro駅

オールボ
Aalborg

DSB

Danhostel Hobro

マーイエーヤ
Mariager駅

MHV

マーイエーヤ　フィヨルド
Mariager Fiord

マーイエーヤ
Mariager

ラナス
Randers

ホーブロー
Hobro

路線バスルート
（234 系統）
Hobro St.
〜Mariager

Hotel Postgaarden

Svenstrup

路線バスルート
（236 系統）
Hobro Busterminal
〜Handest

Vester Tørslev

マーイエーヤ　ハンテスト
ヴィンテージ保存鉄道　Mariager-Handest
Veteranjernbanen

MHV

True 駅

ハンテスト
Handest駅

MHV

ハンテスト
Handest

MHV

　倉庫は特別運行日にオープン、鉄道の掘り出し物がたくさん揃い販売
されている。　倉庫内では無料のカフェが振舞われるのも嬉しい。　あっと
いう間に 30 分が過ぎ、そろそろ戻りの出発 12:10 である。

さあ散歩タイム、マーイエーヤ港でフィヨルドを眺めながらソルトセンターの奥にあるカフェ・レストラン(Cafe Saltbøssen)でちょっとリッチなランチ、あまりにも居心地が良かったのと一人で浮かないので土曜と日曜日の 2 回お世話になった。 次は、町の広場でホテル(Hotel Postgaarden Mariager)の広場に張り出したデンマークの太陽光を感じながら、オープンデッキ席でカフェタイムとしよう。 蒸機の特別運行日は日曜日だったが、前日の土曜日に入りマーイエーヤの町を散策できたことで有意義な2日間となった。

土曜

日曜

MENU

Saltbøssen
Grill & Røgeri

マーイエーヤ港

ソルトセンター(Saltcentret)

チケット売り場　案内所

Cafe Saltbøssen

Saltbøssen
Grill & Røgeri

転車台

Havnens Grill & Pølsebod

貨車小屋

マーイエーヤ駅

転車台

蒸気クレーン

チケット売り場
案内所

ソルトセンター

マーイエーヤ フィヨルド
Mariager Fjord

撮影ポイント

ヴィンテージ保存鉄道
Veteranjernbanen

マーイエーヤ駅
Mariager駅

ソルトセンター（港施設）

始発駅

Cafe Saltbøssen

機関庫

Grill & Pølsebod

Fjordgade 通り

MHV

Mariager
2019

マーイエーヤ
Mariager

スーパー
マーケット

ハンデスト
Handest

広場　観光
案内所

Hotel Postgaarden

Mariagerfjord

Hotel Postgaarden Mariager

広場(Torvet)

Mariager
2019

Mariagerfjord

広場(Torvet)

Mariager Turistbureau　観光案内所

299

蒸機の牽引するビンテージな列車の乗車を堪能した後は、お目当ての撮影ポイント、マーイエーヤフィヨルドの傍にあるマーイエーヤキャンプ場へと向かう。　マーイエーヤ駅 14:10 発の二番列車を狙うのだ。　徒歩で約 10 分、雨が大降りになってきたがキャンプ場の中にある踏切で待つこと数分、間に合ったぞ。　ルミックス FZ300 も濡れながらの撮影となってしまったが、それなりに良い写真が撮影できた。　というのも、この FZ300 は優れもので ズーム 25〜600mm、広角から望遠までの全域で F2.8 なのだ。　オートモードで連写したが納得のゆく写真が撮影できた。

マーイエーヤフィヨルド

マーイエーヤキャンプ場

　帰り道に駅で気になっていた気動車(型式：APB M1)を撮影、1939 年、Automobilfabrikker – Triangel, Odense 製造、最高速度 70 km/h。　当初 6 気筒ガソリンエンジンであったが、1951 年に 6 気筒 125HP ディーゼルエンジンに置き換えられた。　気動車(型式：APB M1210)も在籍している。

APB M1210 気動車

前部エンジン部の
台車は 2 軸

APB M1 気動車

マーイエーやキャンプ場踏切

雨の中を通過

301

あとがき

1、ドイツから始まった保存鉄道旅は「止まらない」

さあ、ドイツ自転車旅、行こう行こう蒸気機関車の追い掛けに
旅することは生きること！
さあ、ロマンティックな旅に巡り合えるように、行こう行こう今直ぐに
旅することは生きること！
　　　春は黄色一面のタンポポ畑と新緑のご馳走
　　　　牧草地では雲雀がはしゃいでいる
　　　夏はパラソルの開いたオープンテラス席での
　　　　　カプチーノタイムと洒落こもう
　　　秋は林檎、梨、クルミがそよ風に吹かれて
　　　　落ちてくるのを待ち受けよう
　　　冬は牧草地が白銀の世界
　　　　ホットワインで何時も傍に居る彼女と乾杯しよう
遠くには蒸機が白煙を上げ、ゆっくりとした癒しの時間が流れる
そのドラフト音と汽笛は私を子供の頃に引き戻してくれる
さあ、行こう行こう私の相棒と二人で、ロマンティックな旅を求めて
旅することは生きること！
ドイツ/旅シリーズは自転車・鉄道の全5冊

2、熟年男の相棒と自転車鉄　目指すはデンマーク/オーデンセ

　今回の旅は、相棒のブロンプトンと自転車鉄。　ドイツではモリー・リューゲン狭軌・豚のしっぽの代表的な三つの蒸機鉄道と北の島鉄道を訪ねた。　オランダに途中下車をしてチューリップ畑で蒸機を追い駆け、デンマークへの渡り鳥ラインでは、今となっては珍しい列車丸ごとフェリー航送を体験。　デンマークに渡り、保存蒸機を探し求めながら H.C.アンデルセンの故郷オーデンセに向かった。　オーデンセの街はトラム復活を目指し突貫工事中で活気に満ちていた。　彼はドイツ限定免許の私をオランダ経由デンマークへと導いてくれたのだ。

3、旅することは生きること　人生に、旅という喜びを。

　本書では蒸気機関車やディーゼル機関車が牽引するレトロな列車、赤いレールバス、軽便鉄道を主体とした保存鉄道を紹介し、案内・紀行・旅データ本としている。　自転車鉄のメリットを生かし、また徒歩でも対応した徹底取材によりデータ満載にまとめている。　皆様の旅スタイルに合わせて必要データを取り出し、自分なりの旅スタイルを楽しんでほしいという応援本にしたので、是非活用して頂きたい。

　今回の出版では、ドイツに留学と在住経験のある友人、深井理人氏にドイツ語の翻訳に協力頂いた。　また、海外鉄道研究会の山下利彦氏には保存鉄道の歴史や路線地図についての情報提供や翻訳について協力を頂いた。　この場を借りて心から感謝申し上げる次第である。

　ビジネスマン時代からの夢、「ロマンティック街道 旅」、「ドイツザクセン州蒸気機関車 旅」、「ドイツ保存鉄道 旅」、「ドイツ蒸気機関車2 旅」に続き、旅シリーズの第五弾「蒸気機関車3 旅」は、家族の協力なしでは達成できなかったことでもあり、妻にも感謝したい。　そしてドイツ・オランダ・デンマークの皆さん、旅を本当にありがとう。
保存鉄道の旅は何時まで何処まで走り続けるのだろうか・・・・・旅することは生きること。

4、旅は趣味友達の特効薬

　自転車旅をし、データ満載の情報提供本「ロマンティック街道自転車旅」を出版することで、計画されていた大阪の西野氏と中村氏や大分の岐部氏から問い合わせがあった。　それがご縁